辑

会计与控制评论

REVIEW OF ACCOUNTING AND CONTROL

中国内部控制研究中心 主办

东北财经大学出版社
Dongbei University of Finance & Economics Press
大连

图书在版编目（CIP）数据

会计与控制评论·第9辑 / 中国内部控制研究中心主办. —大连：东北财经大学出版社，2019.11

ISBN 978-7-5654-3684-0

Ⅰ. 会…　Ⅱ. 中…　Ⅲ. ①会计制度-文集 ②企业内部管理-文集　Ⅳ. ①F233-53 ②F272-53

中国版本图书馆CIP数据核字（2019）第202763号

东北财经大学出版社出版

(大连市黑石礁尖山街217号　邮政编码　116025)

网　　址：http：//www.dufep.cn

读者信箱：dufep@dufe.edu.cn

大连图腾彩色印刷有限公司印刷　　东北财经大学出版社发行

幅面尺寸：180mm×255mm　　字数：212千字　　印张：11.25

2019年11月第1版　　2019年11月第1次印刷

责任编辑：李　彬　章北蓓　　责任校对：王　娟

封面设计：张智波　　版式设计：钟福建

定价：45.00元

教学支持　售后服务　联系电话：（0411）84710309

如有印装质量问题，请联系营销部：（0411）84710711

会计与控制评论

Review of Accounting and Control

第9辑，2019年
No. 9，2019

中国内部控制研究中心　主办

编　　辑：《**会计与控制评论**》编辑部
电　　话：（0411）84738559
传　　真：（0411）84738559
电子邮箱： cicrcedit@126.com
通讯地址： 中国 · 大连市 · 沙河口区尖山街217号
东北财经大学梓楠楼454室
邮政编码： 116025

第9辑，2019年

No. 9, 2019

会计与控制评论

Review of Accounting and Control

目　　录

No. 9, 2019

Review of Accounting and Control

China Internal Control Research Center, Dongbei University of Finance and Economics

CONTENTS

第9辑，2019年
No.9, 2019
会计与控制评论
Review of Accounting and Control

政治关联、银企关系与债务重组决策
——来自中国财务困境上市公司的经验证据①

宋淑琴[1]　李学芳[2]

（1.东北财经大学会计学院/中国内部控制研究中心　大连　116025）
（2.国网临沂电力公司　临沂　276000）

摘　要　本文以2007—2016年在沪深两市公开发行A股的财务困境上市公司为样本，研究政治关联、银企关系对债务重组决策的影响。债务重组决策包括三方面：是否达成债务重组协议；跟谁达成债务重组协议；选择什么途径达成债务重组协议。研究发现：存在政治关联和银企关系的财务困境公司更容易达成债务重组协议，而且同时存在两种关系更有利；存在政治关联和银企关系的财务困境公司更愿意与金融类债权人达成债务重组协议，而且同时存在两种关系的公司的对象选择性更明显；存在银企关系的财务困境公司更愿意选择私下达成债务重组协议，而存在政治关联的财务困境公司在债务重组途径选择上并未表现出显著差异。该研究有利于财务困境公司建立社会关系，通过债务重组解决财务困境。

关键词　财务困境　政治关联　银企关系　债务重组

① 基金项目：国家自然科学基金项目（71602023）（71702027），教育部人文社科项目（15YJC630110）（17YJC790192）。

一、引言

在“新常态”经济现状下，我国企业总债务率偏高，其中相当大部分表现在工业企业债务融资偏高。2015年年底以来，“去杠杆”成为供给侧改革的五大任务之一。根据融资理论，“去杠杆”有两种途径：一是发展直接融资，降低债务杠杆；二是实行债务重组，减轻债务负担。在资本市场发展程度一定的情况下，依靠发展直接融资“去杠杆”的效果是有限的，债务重组是最为彻底的“去杠杆”途径（周小川，2016）。根据财务理论，高杠杆会扩大企业的经营风险，当宏观经济增速放缓或衰退时，高杠杆企业容易陷入财务困境。国外学者普遍认为，私下债务重组能够更好地解决财务困境（Gilson等，1990）。由此看来，能否成功达成债务重组协议是财务困境公司“去杠杆”、摆脱困境的关键所在。我国政府目前“去杠杆”的主要对象是国有企业，政府的参与使国有企业利用债务重组“去杠杆”的效果明显[①]。政治关联既然有利于政府的参与，那么是否也有助于债务重组协议的达成呢？另外，研究发现，银企关系与政治关联有相似的经济效果，也有助于困境企业融资（Petersen and Rajan，1994），那么，银企关系是否也能促进财务困境公司债务重组协议的达成呢？

本文以我国沪深两市A股财务困境公司为样本，检验政治关联、银企关系对债务重组产生的影响以及存在双重关系是否比存在单一关系更有利于债务重组协议的达成。本文在收集数据时发现，我国上市公司债务重组的数据有以下两个特点：第一，债务重组的债权人主要有两大类，一类是以银行为代表的金融机构（包括资产管理公司），另一类是非金融机构债权人；第二，债务重组的途径有两种，一种是私下债务重组，另一种是通过法院协调进行法定债务重组。上述特点启发本文的研究内容从最初的能否达成债务重组协议，细化到跟谁达成协议，通过什么途径达成协议，这些都是公司陷入债务违约时期望进行和解所必须关注的重要问题。

本文的研究贡献有以下两方面：第一，拓宽了债务重组影响因素的研究内容。目前，国内外学者关于政治关联和银企关系在企业债务融资、经营业绩方面的研究颇多，但关于两者对债务重组协议达成的影响研究却很少。因此，本文拓宽了关于财务困境公司达成债务重组协议的影响因素的研究内容。第二，细化了债务重组决策的研究内容。在对债务重组影响因素的研究中，本文进一步细化到债务重组的对象选择和途径选择问题，丰富了债务重组决策的研究内容。

---

① 通讯作者：宋淑琴（1980—），女，管理学博士，东北财经大学会计学院副教授，财务管理专业，主要研究方向：债务融资与治理、公司投融资、资本市场研究。

二、文献综述

财务困境公司通过债务重组解决财务困境的程度以及实现的途径，受各国破产制度以及制度性因素的影响（Davydenko and Franks，2008），因此，各国学者对达成债务重组协议以解决财务困境的研究角度也各不相同。

（一）达成债务重组协议的影响因素

1.国外研究现状

Brunner and Krahnen（2008）以德国不良贷款关系的信用档案信息为基础，研究银行联营对债务重组的影响，发现小规模银行联营的存在有利于成功达成债务重组协议，并确定联营形成的主要因素是银行的数目、贷款在银行之间的分配以及困境的严重程度。Inoue等（2008）以日本中小企业为样本研究主银行对债务重组解决财务困境的影响，发现日本的主银行体制对解决中小企业财务困境是无效的。因此，财务困境企业的恢复前景越好，越倾向于涉及第三方的债务重组，那些基于不当动机的银行主导的重组是不太可能发生的。这项研究表明，日本的私下债务重组似乎更容易达成协议，但其结果对企业价值和性能的改进却很小。Micucci G and Rossi P（2016）从银行视角研究了意大利企业债务重组的影响因素，发现当贷款银行更多地依赖软信息（关系贷款）时，债务重组的可能性更高，而当银行使用主要的信用评分技术来选择贷款公司（交易贷款）时，债务重组的可能性就越低。另外，使用信贷评分进行贷款决策并在授予贷款后监控借款人的银行，其债务重组的可能性增加。银行将更多的权力分配给地方管理者的分权式管理模式提高了债务重组的可能性，而这一决策取决于借款公司的实际地理距离。

2.国内研究现状

谢德仁和张高菊（2007）研究了金融生态环境、公司治理与债务重组的关系，发现金融生态环境越差的地区，上市公司更可能发生债务重组；金融生态环境好的地区，上市公司的财务杠杆水平与债务重组之间则具有较弱的正相关关系。另外，存在机构投资者股东、独立董事比例高和高管持股比例高的公司更少可能进行债务重组，而上市年龄越长的公司越可能发生债务重组。谢德仁和陈运森（2009）在金融生态环境的基础上又考虑了企业最终控制人性质对债务重组的影响。研究发现，在金融生态环境较差地区，相对于非国有公司，国有上市公司的融资性负债水平与债务重组正相关关系较弱；在金融生态环境较好地区，非国有上市公司的融资性负债水平与债务重组负相关，而国有上市公司的融资性负债水平与债务重组呈正相关关系。胡志颖等（2011）的研究支持了谢德仁（2007，2009）的研究结论。宋淑琴和高玲（2015）研究债务结构对债务重组规模的影响，以及不同产权性质下债务结构对债务重组影响的差异。研究发现：短期负债与债务重组规模显著正相关，长期负债与债务重组规模显著负相关；金融性负债与债务重组规模显著正相关，经营性负债与债务重组规模显著负相关；相对于非国有企业，国有产权性质能够显著降低短期负债对债务重组的促进作用，能够降低长期负债对债务重组的抑制作用；国有产权能够显著促进金融性负债对债务重组的促进作用，能够显著降低经营性负债对债务重组的抑制作用，这符合我国“预算软约束”的制度背景。罗韵轩（2016）则进一步以金融生态环境为视角，以异质性债务为切入点，实证检验上市公司终极控制人的不同产权性质、来源及期限结构的异质性债务治理效应与债务重组的交互影响。研究发现：金融生态环境较差地区，国有控股公司经营性负债水平与债务重组正相关、长期金融性负债水平与债务重组负相关；金融生态环境较好地区，相对非国有控股公司，国有控股公司金融性负债、经营性负债、短期金融性负债水平与债务重组正相关关系都更强。

（二）解决财务困境的途径选择

1.国外研究现状

国外学者普遍认为达成私人债务重组协议有利于解决财务困境，因此，主要是对私人债务重组影响因素进行研究。Gilson等（1990）以美国169家财务困境公司为样本，研究困境公司成功达成私人债务重组协议的影响因素。研究发现，当公司无形资产的比重较大，向银行举债较多时，通过私人债务重组解决财务困境的可能性越大；当公司有更多不同的未偿还债务种类时，成功进行私人谈判的可能性越低。Demiroglu and James（2015）依据Gilson等（1990）对财务困境的界定以美国财务困境公司2001—2011年数据为样本探讨了贷款人的数量和类型与私下债务重组之间的关系。研究发现，传统的银行贷款比银团贷款更容易进行私下债务重组，而且借款人与银团贷款的牵头行之间的银企关系能够缓解对债务重组产生的不利影响。Blazy等（2014）在介绍了法国破产制度的背景下以违约中小型公司为样本探讨了破产和私下债务重组哪种途径更有利于解决财务困境。研究发现，贷款规模、长期债务比例、主要债权人身份与成功达成私下债务重组正相关；低信用评级和过失管理的交互项与达成私下债务重组负相关；担保物不影响成功达成债务重组的可能性。Huang等（2013）以台湾上市公司为样本从银行的角度研究了法定或私下债务重组选择的影响因素。研究发现，银行的股东偏好于通过成功达成债务重组协议解决财务困境，而不是申请法院重组，这取决于银行和公司之间的关系，并且股票市场能够区分投机目的和真正能够解决财务困境的重组申请。

2.国内研究现状

我国学者主要是基于我国特殊的制度背景，从政府干预的角度研究我国上市公司应对财务困境的措施，而对于法定债务重组和私下债务重组的研究几乎是空白的。我国学者普遍认为政府“支持之手”能够解决财务困境。祝继高等（2015）从产权性质和政府干预的视角研究财务困境企业的应对措施。研究发现，为了应对财务困境，企业需要站在全局的角度进行公司治理重组、战略和运营重组、资产重组和财务重组。在重组过程中，国有企业更倾向于采取关联交易等非市场化手段，而民营企业更注重公司战略和经营策略的调整。国有企业的财务困境应对成本要显著小于民营企业。潘越等（2009）以2002—2007年沪深两市的ST公司为样本，从政治关联和政府补助的视角，研究了企业的政治关联对财务困境公司获取政府补助改善业绩的影响。研究发现，政治关联对民营企业处于财务困境获取政府补助有显著影响，但对国有企业作用不显著。而且，只有在地方财政有充足财力的情况下，民营企业才可能利用政治关联获得更多的政府补助。从解决财务困境的效果看，政府补助可以在救助当年明显改善公司业绩，但对公司长期业绩的提升作用却因企业政治关联程度和企业性质的不同而存在差异。政府补助对政治关联较弱的民营企业的长期业绩有显著提高作用，但对于国有企业以及具有较强政治关联的民营企业作用则不显著，这说明政治关联导致了政府补助资金的低效运作。

从上述文献综述可见，国内外学者关于达成债务重组协议的影响因素都做了一定的研究，但由于国内外债务重组市场化程度不同，国内外学者研究的角度也不同。国外学者主要是从债权人和债务人自身特征变量研究债务重组影响因素，而我国学者主要是以债务治理理论为基础，以金融生态环境为宏观变量，研究产权性质和异质性债务对债务重组的影响，对于债务人企业自身特征的研究还不足，而关于债务重组途径选择的研究，国内学者几乎没有涉猎。因此，本文研究政治关联、银企关系对债务重组的影响时，不仅研究了“关系”对是否债务重组的影响，还研究了对债务重组对象选择、途径选择的影响，为我国债务重组研究提供新的经验证据。

三、理论分析与假设提出

社会资本理论认为，社会资本是行动主体与社会的联系以及通过这种联系获得稀缺资源的一种能力，这种资本是在人际和企业关系网络中所获取到的资源，并将这些资源嫁接给企业，形成新的价值。政治关联和银企关系作为社会资本的一部分，能够为企业创造价值是不容置疑的，这为本文的假设提出奠定了理论基础。

（一）政治关联、银企关系与债务重组的发生

1.政治关联与债务重组的发生

当公司陷入财务困境无力偿还到期债务时，债权人保护债权的方式有两种：债务重组和破产清算。当债务人持续经营价值大于清算价值时债务重组是最优的财务困境解决方案，因为债务人仍能实现就业、税收等社会责任。债务重组是债务双方就债务公司未来现金流状况对债务契约进行重新谈判的过程。由此可见，债务重组协议是否能够达成，取决于债务公司未来发展状况及现金流状况。当企业陷入财务困境时，更需要外部环境的支持，如寻找新的资本来源、挖掘新的投资项目，这些对于财务状况恶劣的企业来说是相对困难的。因此，财务困境企业会极力利用各种社会关系来达到改善财务状况、走出困境的目的。它们首先会想到利用政治资源，因为政治关联能够帮助困境企业获得新的贷款（唐建新等，2011；余明桂等，2008）、带来政府补贴（余明桂等，2010），摆脱财务困境（Faccio等，2006）。Khwaja and Mian（2005）研究发现，政治关联公司借款额度超过无政治关联公司额度的45%，并且有50%的高违约率。Jiang X.（2017）也证实了中国A股僵尸企业之所以“僵而不死”，是因为政府以支持增加补贴和银行贷款的形式缓解企业“喘不过气来”，政府更倾向于给承担更大政策负担的僵尸公司提供补贴，特别是那些提供更多工作岗位的公司。由此可见，当财务困境公司无法偿还到期债务时，可以利用政治关联带来的上述“隐性担保”，使债权人相信债务重组比破产清算能够更好地保护债权。对于困境中的上市公司而言，由于它是地方政府的经济支柱，出于地方经济的发展和就业因素的考虑，政府会主动帮助上市公司面对财务困境，选择重组而不是破产。李传宪（2014）发现有政治关联的亏损的上市公司更喜欢通过债务重组方式来解决困境，而且重组过程中有政治关联的上市公司获得的债务重组收益更多。由此可见，当公司陷入财务困境时，存在政治关联的公司比不存在政治关联的公司更容易通过债务重组而不是通过破产清算解决债务纠纷。

2.银企关系与债务重组的发生

现有文献都强调了银行在产生信息方面的作用（Diamond，1984），比如，筛选（Diamond，1991）和监督（Rajan and Winton，1995）。如果债务公司处于财务困境，这种获取信息的渠道直接影响银行对公司是进行债务重组还是破产的决策（Jostarndt P and Sautner Z，2010）。银行对于债务公司未来现金流量的评估主要是基于债务公司的内部信息（包括财务信息和非财务信息）。当债务公司遇到了财务困境，对与财务困境公司过去存在借款关系的银行也会产生显著的负面影响（Dahiya等，2003）。因此，当债务公司面临财务困境时，借款银行有两种对策：首先，基于谨慎原则，银行会立即要求企业偿还债务，而不管未来恢复的可能性（即瞬间终止银企关系）；其次，银行具有明显的信息优势，决定广泛地参与公司的私

人协商和债务重组，以挽回损失（即延续银企关系）。因此，银企关系能够影响公司解决财务困境在债务重新谈判和破产两者之间的选择。

存在银企关系的财务困境公司，更愿意选择债务重组而不是破产程序，因为相对于高昂的破产成本（时间成本和人力成本），银企关系能够降低谈判成本。企业通过设立有银行任职经历的董事与银行家接触，帮助企业发布信息给银行，以缓解信息不对称（Booth and Dell，1999），降低信息成本，使重新谈判成为可能（Boot，2000）。Micucci G. and Rossi P.（2016）研究发现，当贷款银行更多地依赖于软信息（关系贷款）时，债务重组的可能性更高。另外，从社会资本理论角度看，强大的银企关系通常被认为是有价值的资产，因为它增强信贷资源的可获得性（陈键，2008），以降低财务困境成本（Berger and Udell，2002）。沈中华和姚珊珊（2016）以中国2002—2010年沪深A股的非金融类ST上市公司为样本，实证检验银企关系对财务困境公司获得银行贷款以及摆脱财务困境的影响。研究结果显示，财务困境公司的银企关系能显著地帮助其获得银行贷款，有助于ST公司摆脱财务困境。因此，陷入财务困境时，存在银企关系的公司更倾向于通过债务重组而不是破产解决债务纠纷。

当企业同时存在政治关联与银企关系时，在债务重组谈判中，财务困境公司存在双重优势，即政治关联的"隐性担保"和银企关系的"信息优势"。银企关系创建的良好的信息渠道会把政治关联为企业带来的好处传递得淋漓尽致，因此，同时存在两种关系更有利于财务困境公司达成债务重组协议。

综上所述，本文提出假设1：

H1a：与不存在政治关联的财务困境公司相比，存在政治关联的财务困境公司更容易达成债务重组协议。

H1b：与不存在银企关系的财务困境公司相比，存在银企关系的财务困境公司更容易达成债务重组协议。

H1c：与只存在一种关系的财务困境公司相比，同时存在政治关联与银企关系的财务困境公司更容易达成债务重组协议。

（二）政治关联、银企关系与债务重组对象的选择

1.政治关联与债务重组对象的选择

当公司陷入财务困境后，政治关联对金融类债权人和非金融类债权人债权保护的影响是存在差异的。伴随着我国经济改革的不断深化，国家对国有商业银行的控制削弱了，地方政府对国有商业银行的干预能力却增强了（巴曙松等，2005）。当辖区内上市公司陷入财务困境，将直接影响当地生产总值增长、就业等政绩因素，因此，政府出于非经济因素考虑，常常干预银行对于财务困境公司的破产清算，而更愿意帮助财务困境公司进行债务重组（Grigorian D and Raei F，2013）。我国商业

银行分支机构大都按照地方行政区划分设立，地方政府在一定程度上会成为银行分支机构的管理者（孙光林等，2017），商业银行地方分支机构是财务困境公司的大债权人，如果财务困境公司破产清算，将会对当地的金融体系产生“蝴蝶效应”（丁灿，2011）。基于此况，政治关联成了财务困境公司与政府良好的沟通渠道，能使政府推动银行与有财务困境企业的债务重组谈判。从银行角度而言，基于追求最大化回收贷款，商业银行宁愿接受债务重组条件（Dewatripont M and Maskin E.，1990），也不愿意接受廉价的清算资产价值（Hart O and Moore J，1988）。由此可见，当公司陷入财务困境，存在政治关联的公司更容易与金融类债权人达成债务重组协议。而非金融类债权人没有背负当地政府的“政治使命”，因此，政治关联对于财务困境公司和非金融类债权人谈判起到的桥梁作用相对不明显。宋淑琴和高玲（2015）研究发现金融性负债与债务重组规模之间是正向的关系，经营性负债与债务重组规模之间是负向的关系。因此，存在政治关联的财务困境公司更容易与金融类债权人达成债务重组协议。

2.银企关系与债务重组对象选择

在债务重组过程中，由于信息不对称产生的代理冲突，会延迟债务重组，导致股本和债务价值的下降（Shibate，T. and Tian，Y.，2010）。银企关系的存在缓解了银行与财务困境公司的信息不对称的问题，降低了债务重组谈判成本，有利于债务重组协议的达成。具有金融机构任职背景的高管，能够增加企业与银行的信息交流（Erkens等，2014）。通常，银行从企业得到的资料，多为财务指标、抵押状况等硬信息，银企关系的存在能使企业传递大量的软信息（如董事长的信誉、企业文化等）给银行。Berlin等（1988）发现银行在与企业进行业务交往过程中，可以获取较多的企业信息，密切的银企关系可以降低银行与企业之间的信息不对称。Micucci G. and Rossi P.（2016）研究发现，当贷款银行更多地依赖于软信息（关系贷款）时，债务重组的可能性更高，而当银行使用主要的信用评分技术来选择贷款公司（交易贷款）时，重组的可能性就会降低。另外，具有银行工作背景的高管拥有良好的外部关系网络，他们能够利用这种“关系”资源，帮助公司化解各种财务危机（Pfeffer and Salancik，1978；Fama，1985；Zahra and Pearce，1989）。由此可见，具有银企关系的财务困境公司更容易与金融类债权人达成债务重组协议。

当企业同时存在政治关系与银企关系时，基于高管政治背景与地方银行的“政治使命”的裙带关系和银企关系给银行带来的信息优势，使得财务困境公司与金融机构债权人达成债务重组协议的意愿更强，因此，同时存在两种关系的财务困境公司比只存在一种关系的财务困境公司更容易与金融类债权人达成债务重组协议。

综上所述，本文提出假设2：

H2a：与不存在政治关联的财务困境公司相比，存在政治关联的财务困境公司

发生债务重组时更容易与金融类债权人达成债务重组协议。

H2b：与不存在银企关系的财务困境公司相比，存在银企关系的财务困境公司发生债务重组时更容易与金融类债权人达成债务重组协议。

H2c：与只存在一种关系的财务困境公司相比，同时存在政治关联与银企关系的财务困境公司发生债务重组时更容易与金融类债权人达成债务重组协议。

（三）政治关联、银企关系与债务重组途径的选择

1.政治关联与债务重组途径的选择

公司陷入财务困境时的解决路径如下：私下债务重组—庭上和解—重整—清算（李钢等，2012）。从法律层面讲，法定债务重组是在破产法框架下，启动破产法中的企业拯救机制，在法院主导下开展债务重组，也称“庭内重组”或“司法重组”；私下债务重组是在民法框架下，按照合同法、物权法等相关民事法律规则，在当事人自愿、平等、协商一致的基础上，通过一系列市场交易行为完成债务重组，也被称为“庭外重组”或“协议重组”（郭喜田，2010）。国外学者普遍认为私下债务重组是解决财务困境的有效途径（Gilson等，1990）。但由于目前我国重组机制缺乏明晰的运作规则和法律依据，在实践中也暴露出协调成本高、处置效率低等弊端（贾纯，2010）。具体表现在：我国没有单独的“和解法”，也缺乏庭外和解的内在生成和启动机制（朱美秀和张丹，2017）；《企业破产法》虽然在破产和解申请时间上做了灵活的制度设计，允许债务人直接向法院提出破产和解申请，但由此启动的债务和解程序仍然属于破产程序范畴，并不是真正意义上的庭外和解（邹杨，2014）；《民事诉讼法》从法律层面承认了当事人庭外和解的效力，但由于缺乏明晰的法律适用（程序性以及实体性）规则，庭外债务和解仍处于自发、无序状态（朱美秀和张丹，2017）。根据Walder（1995）的研究，当缺乏正式的法律和司法体系对产权提供有效保护时，企业与企业之间或企业与债权人之间的经济纠纷很可能是通过政府（官员）来解决的。企业政治关联的存在有利于政府在困境公司进入重组程序前后给予及时、准确的指导，政府对困境公司债务重组的干预往往通过法院来协调和平衡各方利益（周及真，2014）。私下债务重组会使得个别债权人抽离公司资产，降低困境公司资产整体价值，损害其他债权人的利益。因此，存在政治关联的公司，当发生财务困境时，政府基于企业和债权人的利益均衡，往往会通过法院提供法律平台解决债务纠纷，达成债务重组协议，保障各方利益。因此，存在政治关联的财务困境公司往往通过法院进行法定债务重组。

2.银企关系与债务重组途径的选择

解决财务困境问题是选择法定债务重组还是私下债务重组取决于债务双方的协调和议价能力，银企关系能缓解信息不对称从而缓解双方的协调与议价问题。当股东和债权人之间就公司未来的经营状况和现金流状况存在严重的信息不对称时，股

东相比于债权人在获取信息上具有更大的优势。Shibata and Tian（2010）认为，在信息不对称的情况下，银行会申请庭上重组而非信赖公司同意私下和解，信息不对称的存在破坏了社会福利的效率。与企业建立关系的银行能及时监控借款公司，这种关系也能作为讨价还价的手段帮助缓解信息不对称，当信息透明度提高时，债权人的抵抗问题在一定程度上会得以缓解。银企关系能更好地提高银行的信息优势和降低企业与银行间的协调问题（Chuan Huang J.等，2015）。Couwenberg and Jong（2006）利用银行债务来作为衡量银行关系影响的指标，研究发现，银企关系对私人债务重组成功的可能性有显著的正相关关系。Jiang Chuan Huang and Chin Sheng Huang（2011，2013）分别从以前的银行关系、银行关系的规模、银行关系的数量、银行股东等方面来度量银企关系，也发现一个具有较强的银企关系的财务困境公司具有更大的可能性通过私人重新谈判，成功地获得债务重组。Jiang Chuan Huang等（2015）也发现存在银企关系的财务困境公司向法院提请正式债务重组申请的概率更小。由此可见，银企关系的存在有利于财务困境公司与债权人达成私下债务重组协议。

当财务困境公司同时拥有两种关系时，政治关联使财务困境公司倾向于法定债务重组，银企关系使财务困境公司倾向于私下债务重组，这两种关系使财务困境公司债务重组途径选择存在了差异，因此，本文认为同时存在两种关系的财务困境公司在债务重组途径选择上没有明显特征。

基于以上分析，提出假设3：

H3a：与不存在政治关联的财务困境公司相比，存在政治关联的财务困境公司选择通过法院达成法定债务重组协议的概率更大。

H3b：与不存在银企关系的财务困境公司相比，存在银企关系的财务困境公司选择与债权人达成私下债务重组协议的概率更大。

H3c：与只存在一种关系的财务困境公司相比，同时存在政治关联与银企关系的财务困境公司在债务重组途径选择上不存在显著差异。

四、研究设计

（一）样本选择

本文以2007—2016年在沪深两市公开发行A股的上市公司为初始样本，按照下列原则筛选样本：（1）筛选财务困境样本。目前，国内学者对于财务困境的研究主要是基于财务困境预警的视角，在此类研究中普遍以“ST”公司作为财务困境样本建模和验模，基于研究目的这样的样本筛选原则是合理的。但本文研究的是债务违约而产生的债务重组问题，因此，应基于违约的视角界定财务困境，即从现金流量的角度来定义（Carmiehael，1972；John and Rose，1993；薛楠等，2005），本文将“当年偿还债务所支付的现金-上年年末短期借款-上年年末一年内到期的长期负债（非流动负债）”小于零的样本作为没有足够现金流偿还当期债务的财务困境样本；（2）剔除金融类公司；（3）剔除数据缺失的样本；（4）剔除以债权人身份发生的债务重组样本；（5）剔除发生债权转让的债务重组样本。本文所使用的数据分别来自于国泰安、Wind数据库。

按照上述筛选原则得到的样本是时序和截面混合数据，属于平行面板样本，为了剔除异常值，本文对除虚拟变量之外的变量在1%的水平上进行了双侧缩尾处理①。本文运用Stata 13.1软件进行回归分析。

（二）变量设计

1.被解释变量

为了细化研究成功达成债务重组协议的影响因素，本文将债务重组的研究细化成三个层次：是否债务重组→跟谁发生债务重组→通过什么途径债务重组。因此，本文的被解释变量有以下三个：

（1）是否发生债务重组（DRS）

债务重组是否发生是虚拟变量，如果财务困境公司在发生财务困境的当年以债务人身份进行了债务重组，则赋值为1，否则取0。

（2）债务重组对象选择（DRO）

债务重组对象的选择是虚拟变量，在债务重组样本公告中逐个判断重组对象的类型，若债务重组的债权人为银行（包括资产管理公司）等金融机构，说明财务困境公司选择与银行等金融类债权人进行债务重组，则赋值为1，否则取0。

（3）债务途径选择（DRW）

债务重组途径的选择是虚拟变量，在债务重组样本公告的事件描述中逐个判断债务重组的途径类型，如果债务重组公告中出现“法院”或“诉讼”字样，则重组认定为法定债务重组，否则即为私下（庭外）债务重组。若财务困境企业选择私下（庭外）债务重组方式，则赋值为1，否则取0。

2.解释变量

本文主要从社会关系角度研究影响成功达成债务重组协议的因素，从以下三个方面着手：一是政治关联；二是银企关系；三是同时存在政治关联和银企关系的双重关系。

① 基于双侧缩尾处理后，仍然有某些变量的值非常异常，比如资产负债率的最大值达到9，这是因为本文所采用的样本是财务状况特殊的财务困境公司。

（1）政治关联（POL）

在现有的文献中，对于政治关联的度量主要有三种方法：虚拟变量法、赋值法和比例法。虚拟变量法是衡量政治关联最常用的方法，即以是否存在政治关联设置虚拟变量（余明桂，2008；吴文峰，2008）。赋值法指通过对高管或董事不同级别的政治身份进行赋值来衡量政治关系（胡旭阳，2006；邓建平，2009），该方法虽能刻画关系的强度但主观性较强。比例法是指以高管或董事中现在或曾经在政府单位工作过的人数在董事会规模中的占比来衡量政治关联（罗党论等，2009）。本文使用较常用的虚拟变量法来度量政企关系，如果财务困境企业的高管或董事会成员现在或曾经在政府、党委、法院、检察院或军队任职，担任人大代表、政协委员，则认为有政治关联，赋值为1，否则为0。

（2）银企关系（BANK）

国内对银企关系的度量主要有三类：第一类是财务指标，以“银行借款/总负债”作为银企关系的度量指标（聂丽洁等，2011）；第二类使用企业与银行建立关系的时间长度、银行的数量、企业能否得到银行的某种金融产品（深度）来度量银企关系的密切程度；第三类是以企业的高管曾经或现在是否在银行中担任过职位来判断企业是否具有银企关系（唐建新等，2011；杜颖洁和杜兴强，2013）。本文使用第三类方法度量银企关系，即若企业的高管或董事现在或曾经在四大商业银行、四大资产管理公司、信托、全国股份制银行、政策性银行、地方银行任职时，赋值为1，否则为0。

（3）双重关系变量（RELATION）

双重关系变量是指如果企业同时拥有政治关联与银企关系，则赋值为1，如果只拥有其中一种关系，则赋值为0，它排除了既没有政治关联也没有银企关系的样本，主要用于研究与只拥有一种关系的企业相比，同时拥有两种关系对债务重组决策的影响是否存在显著差异。

3.控制变量

为了准确地检验政治关联、银企关系对债务重组发生、重组对象和途径选择的作用，尽量消除公司基本特征、内部治理因素和行业等因素的影响，本文设计了以下控制变量：财务困境公司的财务杠杆（LEV）、成长性（GROWTH）、盈利性（ROA）、上市年龄（LISTY）、公司规模（SIZE）、行业（IND）。本文用董事长和总经理是否二职合一（DUA）、高管持股比例（ESH）、独立董事比例（IDR）、机构投资者持股比例（INST）、股权结构制衡（CSTR）控制公司的内部治理机制对企业陷入财务困境并进行债务重组的影响。

具体衡量方式见表1。

表1 变量定义表

变量类型	变量定义	变量符号	计算方法
被解释变量	债务重组发生	DRS	若财务困境公司当年发生债务重组，则取值为1；否则为0
	债务重组债权人选择	DRO	若债务重组的债权人为银行（包括资产管理公司）等金融机构，说明困境公司选择与银行等金融类债权人进行债务重组，则取值为1，否则取0
	债务重组途径	DRW	如果债务重组公告中出现“法院”或“诉讼”字样的重组，认定为法定债务重组，否则即为私下（庭外）债务重组。若财务困境企业选择私下（庭外）债务重组方式，则取值为1，否则取0
解释变量	政治关联	POL	若企业的高管或董事会成员现在或曾经在政府、党委、法院、检察院或军队任职，担任各级人大代表、各级政协委员，则取值为1，否则为0
	银企关系	BANK	若企业的高管或董事现在或曾经在国有四大商业银行、四大资产管理公司、信托、全国股份制银行、政策性银行、地方银行任职，则取值为1，否则为0
	双重关系变量	RELATION	若企业同时拥有政治关联与银企关系，则取值为1，若只拥有其中一种关系，则为0
控制变量	公司规模	SIZE	第t-1年年末公司总资产的自然对数
	资产负债率	LEV	第t-1年期末总负债/期末总资产
	获利能力	ROA	第t年企业总资产报酬率
	成长能力	GROWTH	第t年主营业务收入增长率
	独立董事比例	IDR	第t-1年年末公司独立董事数量/公司董事规模
	董事长是否兼任总经理	DUA	第t-1年年末董事长与总经理两职合一取值为1，否则为0
	高管持股比例	ESH	第t-1年年末董监事与高管的持股总数/总股数
	公司上市年龄	LISTY	公司债务重组年份减去公司上市年份
	机构投资者持股比例	INST	第t-1年上市公司机构投资者持股数量/总股数
	第二到第十大股东对第一大股东的制衡	CSTR	第t-1年第二到第十大股东持股比例平方和的对数
	行业虚拟变量	IND	根据2012年证监会行业分类对行业设置虚拟变量（C类按照两位数进行分类，其他行业按一位数进行分类）

（三）模型设计

为了检验政治关联对债务重组发生、债务重组对象选择和途径选择的影响，构建回归模型（1）如下：

$$DRS（或DRO、DRW）=a_0+a_1\times POL+a_2\times SIZE+a_3\times LEV+a_4\times ROA+a_5\times GROWTH+a_6\times DUA+a_7\times IDR+a_8\times ESH+a_9\times LISTY+a_{10}\times INST+a_{11}\times CSTR+\sum_{i=12}^{31}a_i IND_i \quad 模型（1）$$

在模型（1）中，按照前面假设，当被解释变量为债务重组的发生（DRS）和债务重组对象选择（DRO）时，预期解释变量政治关联的系数a_1显著为正数；当被解释变量为债务重组途径选择（DRW）时，预期系数a_1显著为负数。

为了检验银企关系对债务重组发生、债务重组对象选择和途径选择的影响，构建回归模型（2）如下：

$$DRS（或DRO、DRW）=a_0+a_1\times BANK+a_2\times SIZE+a_3\times LEV+a_4\times ROA+a_5GROWT+a_6\times DUA+a_7\times IDR+a_8\times ESH+a_9\times LISTY+a_{10}\times INST+a_{11}\times CSTR+\sum_{i=12}^{31}a_i IND_i \quad 模型（2）$$

在模型（2）中，按照前面假设，预期三个被解释变量对应的银企关系的系数a_1均显著为正数。

为了检验双重关系对债务重组发生、债务重组对象选择和途径选择的影响是否比只存在一种关系更大，构建回归模型（3）如下：

$$DRS（或DRO、DRW）=a_0+a_1\times RELATION+a_2\times SIZE+a_3\times LEV+a_4\times ROA+a_5GROWTH+a_6\times DUA+a_7\times IDR+a_8\times ESH+a_9\times LISTY+a_{10}\times INST+a_{11}\times CSTR+\sum_{i=12}^{31}a_i IND_i \quad 模型（3）$$

在模型（3）中，按照前面的假设，当被解释变量为债务重组的发生（DRS）和债务重组对象选择（DRO）时，预期解释变量政治关联的系数a_1显著为正数；当被解释变量为债务重组途径选择（DRW）时，预期系数a_1不显著。

五、实证结果分析

（一）描述性统计分析（见表2）

由表2可见，财务困境上市公司样本中，发生债务重组的概率（DRS）的均值是0.1965（425/2163），说明平均约有20%的财务困境公司发生了债务重组；在债务重组样本中，债务重组债权人选择（DRO）的均值为0.5835，说明50%以上的财务困境公司与金融类债权人达成债务重组协议；债务重组途径选择（DRW）的均值为0.8211，说明有82.11%的债务重组选择私下进行。由此可见，我国债务重组的类型主要为金融类私下债务重组。

表2　　主要变量的描述性统计分析

样本类型	变量	N	min	mean	max	p50	sd
财务困境	DRS	2 163	0	0.1965	1	0	0.3974
债务重组	DRO	425	0	0.5835	1	1	0.4935
	DRW	425	0	0.8211	1	1	0.3836
发生债务重组	POL	425	0	0.6353	1	1	0.4819
	BANK	425	0	0.4918	1	0	0.5005
	RELATION	353	0	0.3569	1	0	0.4798
未发生债务重组	POL	1 738	0	0.5541	1	1	0.4972
	BANK	1 738	0	0.3464	1	0	0.476
	RELATION	1 211	0	0.2923	1	0	0.455
金融类债务重组	POL	248	0	0.6653	1	1	0.4728
	BANK	248	0	0.5403	1	1	0.4994
	RELATION	214	0	0.3972	1	0	0.4905
非金融类债务重组	POL	177	0	0.5932	1	1	0.4926
	BANK	177	0	0.4237	1	0	0.4956
	RELATION	139	0	0.2950	1	0	0.4577
法定债务重组	POL	76	0	0.6579	1	1	0.4776
	BANK	76	0	0.4079	1	0	0.4947
	RELATION	63	0	0.2857	1	0	0.4554
私下债务重组	POL	349	0	0.6304	1	1	0.4834
	BANK	349	0	0.5101	1	1	0.5006
	RELATION	290	0	0.3724	1	0	0.4843

从财务困境公司的“关系”看，“是否存在政治关联”（POL）在发生债务重组样本中的均值为0.6353，在未发生债务重组的样本中均值为0.5541，说明发生债务重组的公司存在政治关联的平均比例为63.53%，大于未发生债务重组的财务困境公司，这也说明政治关联有利于债务重组的发生。“是否存在银企关系”（BANK）在发生债务重组样本中的均值为0.4918，在未发生债务重组的样本中均值为0.3464，说明发生债务重组的公司存在银企关系的平均比例为49.18%，大于未发生债务重组的财务困境公司，这也能看出银企关系有利于债务重组的发生。从两种

“关系”的对比看，无论是否发生债务重组，存在政治关联的均值均大于存在银企关系的均值，这说明我国上市公司更倾向于建立政治关联这种“社会关系”。“同时存在两种关系”（RELATION）在发生债务重组的样本中均值为0.3569，在未发生债务重组的样本中均值为0.2923，说明发生债务重组的公司同时存在两种关系的平均比例为35.69%，大于未发生债务重组的财务困境公司，这说明同时存在两种关系更有利于债务重组的发生。

按照债权人类型分类看，金融类债务重组公司存在政治关联的均值（0.6653）大于非金融类债务重组公司的均值（0.5932），金融类债务重组公司存在银企关系的均值（0.5403）大于非金融类债务重组公司的均值（0.4237），金融类债务重组公司同时存在两种关系的均值（0.3972）大于非金融类债务重组公司的均值（0.2950），说明存在政治关联或银企关系的财务困境公司更倾向于与金融类债权人进行债务重组，同时存在两种关系的公司也更倾向于与金融类债权人进行债务重组。

按照债务重组途径分类看，法定债务重组公司存在政治关联的均值（0.6579）与私下债务重组公司的均值（0.6304）相差不多，法定债务重组公司存在银企关系的均值（0.4079）小于私下债务重组公司的均值（0.5101），法定债务重组公司同时存在两种关系的均值（0.2857）小于私下债务重组公司的均值（0.3724），说明存在政治关联的财务困境公司选择法定债务重组和私下债务重组的差异不大，存在银企关系的财务困境公司更倾向于选择私下债务重组，同时存在两种关系的财务困境公司也倾向于选择私下债务重组。

（二）回归结果分析

本文的样本数据属于非平衡面板数据，由于被解释变量是离散的，采用的是Logit回归。为避免模型中的异方差问题，在下面的回归中加入了稳健标准误进行估计，采用“stata robust”命令。表3和表4为实证检验的回归结果，回归结果分析如下：

1.政治关联、银企关系对债务重组发生的影响分析

从表3可以看出，假设1的三个子假设模型的PR^2分别为23.09%、23.25%、25.80%，说明模型的解释力较好。卡方检验对应的P值均为prob>chi2=0.0000，在1%水平上显著，因此可以拒绝原假设，接受该假设。

政治关联与债务重组的发生在1%水平上显著正相关，说明财务困境公司高管存在政治关联有利于成功达成债务重组协议。银企关系与债务重组的发生在1%水平上显著正相关，说明财务困境公司高管存在银企关系也有利于成功达成债务重组协议。存在双重关系与债务重组的发生在5%水平上显著正相关，说明财务困境公司高管同时存在两种关系比只存在一种关系对促进成功达成债务重组协议的作用更明显。由此可见，假设1完全得到验证。

表3 政治关联、银企关系对债务重组发生影响的回归结果

变量	债务重组的发生（DRS）		
POL	0.530*** (4.10)		
BANK		0.473*** (3.75)	
RELATION			0.328** (2.08)
SIZE	−0.647*** (−10.27)	−0.609*** (−9.62)	−0.610*** (−8.52)
LEV	0.206*** (3.64)	0.204*** (3.67)	−0.177*** (2.76)
ROA	0.152 (1.18)	0.115 (0.91)	0.166 (1.06)
GROWTH	−0.000 (−0.02)	0.000 (0.30)	−0.001 (−0.54)
DUA	0.143 (0.90)	0.128 (0.81)	0.111 (0.59)
IDR	−1.244 (−1.03)	−1.243 (−1.02)	−0.236 (−0.17)
ESH	−22.826*** (−3.55)	−23.296*** (−3.52)	−20.473*** (−3.42)
LISTY	−0.060*** (−4.18)	−0.062*** (−4.24)	−0.072*** (−4.13)
INST	−3.447*** (−3.34)	−3.423*** (−3.25)	−4.284*** (−3.25)
CSTR	0.049 (1.43)	0.0324 (0.93)	−0.001 (0.03)
Constant	13.279*** (9.26)	12.838*** (8.85)	12.342*** (7.32)
N	2163	2 163	1 564
Log lik	−824.237	−822.577	−619.709
Wald Chi2	495.027***	498.348***	431.035***
Prob > chi2	0.000	0.000	0.000
PR^2	23.09%	23.25%	25.80%
行业	控制		
t statistics in parentheses			
* p<0.1，** p<0.05，*** p<0.01			

2.政治关联、银企关系对债务重组对象与途径选择的影响分析

由表4可知，假设2的三个子假设模型的PR^2分别为8.4%、12.98%、12.49%，说明与假设1模型相比，该模型的解释力有所下降。卡方检验对应的P值均为prob>chi2=0.0000，均在1%水平上显著，因此，可以拒绝原假设，接受该假设。

政治关联与DRO在5%水平上显著正相关，说明存在政治关联的财务困境公司更倾向于与金融类债权人达成债务重组协议；银企关系与DRO在1%水平上显著正相关，说明存在银企关系的财务困境公司更倾向于与金融类债权人达成债务重组协议；双重关系与DRO在5%水平上显著正相关，说明存在双重关系的财务困境公司比存在单一关系的公司更倾向于与金融类债权人达成债务重组协议。由此可见，假设2完全得到验证。

假设3的三个子假设模型的PR^2分别为5.33%、6.53%、7.98%，说明该模型的解释力仍然有所下降。卡方检验对应的P值分别为0.091、0.035、0.091，分别在10%、5%、10%水平上显著，因此，仍然可以拒绝原假设，接受该假设。

政治关联与DRW负相关但不显著，说明存在政治关联的财务困境公司与不存在政治关联的财务困境公司对债务重组途径的选择并没有显著差异；银企关系与DRW在5%水平上显著正相关，说明存在银企关系的财务困境公司会选择与债权人私下达成债务重组协议；双重关系与DRW正相关但不显著，说明存在双重关系的财务困境公司与只存在一种关系的财务困境公司在债务重组途径选择上并没有显著差异。由此可见，政治关联对债务重组途径选择的实证结果与假设不符，假设3部分得到验证。本文认为，政治关联之所以对债务重组途径选择的影响不显著，主要受上市公司财务困境程度的影响。当上市公司财务困境程度比较低时，政治关联可以为公司带来债务再融资、政府补贴等好处，能够满足保护个别债权人的债权要求，此时政府的参与会有利于与债权人达成私下债务重组协议；当上市公司财务困境程度严重时，政治关联的公司通过债务再融资、政府补贴等救助方式也无法解决现有的债务纠纷，此时政府为保护上市公司和全体债权人的利益，会通过法院进行债务重组。因此，政治关联对债务重组途径选择的影响并未出现显著性。

（三）稳健性检验

为了检验研究结果的可靠性，本文重新界定了政治关联与银企关系。以前只要企业的高管和董事会成员（包括独立董事）具有政府任职经历或银行从业背景，就将其定义为具有政治关联或银企关系，而现在将政治关联与银企关系的范围缩小，认为董事会成员中不应包括独立董事。在2 163个财务困境企业样本中，将其中具有政府任职经历（221个）和银行从业背景（96个）的独立董事视为不具有政治关联和银企关系。

表4 政治关联、银企关系对债务重组对象与途径选择影响的回归结果

变量	债务重组对象选择（DRO）			债务重组途径选择（DRW）		
POL	0.480** (2.11)			-0.303 (-1.08)		
BANK		0.644*** (2.57)			0.627** (2.07)	
RELATION			0.741** (2.47)			0.430 (1.03)
SIZE	-0.092 (-0.89)	-0.357*** (-2.61)	-0.120 (-0.95)	0.302** (2.06)	0.220* (1.83)	0.280 (1.32)
LEV	-0.005 (-0.18)	-0.209*** (-2.69)	0.013 (0.49)	0.0430 (0.51)	-0.003 (-1.33)	0.038 (0.32)
ROA	0.105 (0.32)	0.171 (0.52)	-0.124 (-0.37)	0.794** (2.10)	1.068*** (2.79)	0.655 (1.12)
GROWTH	0.008 (1.24)	0.012 (1.21)	0.010 (0.93)	-0.004 (-0.14)	-0.006 (-0.18)	-0.018 (-0.58)
DUA	-0.237 (-0.88)	-0.110 (-0.40)	0.110 (0.34)	-0.239 (-0.74)	-0.129 (-0.39)	-0.011 (-0.03)
IDR	-1.303 (-0.69)	-1.249 (-0.61)	-3.829* (-1.71)	1.245 (0.45)	-0.090 (-0.03)	0.216 (-0.08)
ESH	-13.960 (-1.06)	-15.160 (-0.89)	-11.494 (-0.79)	27.320* (1.69)	32.963 (1.50)	58.215** (2.32)
LISTY	0.016 (0.54)	0.068* (1.93)	0.003 (0.09)	0.008 (0.21)	0.001 (0.02)	0.016 (0.31)
INST	2.869 (1.22)	0.902 (0.43)	1.113 (0.45)	0.285 (0.09)	0.151 (0.05)	-3.769 (-1.16)
CSTR	0.229*** (3.35)	0.160** (2.23)	0.174** (2.08)	-0.260*** (-2.61)	-0.272*** (-2.96)	-0.319** (-2.53)
Constant	3.989* (1.79)	9.332*** (2.89)	6.234** (2.12)	-6.056* (-1.83)	-4.375 (-1.64)	-7.683 (-1.56)
N	425	425	353	425	425	353
Log lik	-264.372	-251.162	-207.100	-188.940	-186.553	-149.209
Wald Chi2	52.77***	74.935***	59.103***	22.696*	26.276**	36.050*
Prob > chi2	0.000	0.000	0.000	0.091	0.035	0.091
PR^2	8.4%	12.98%	12.49%	5.33%	6.53%	7.98%
行业	控制			控制		
t statistics in parentheses * p<0.1, ** p<0.05, *** p<0.01				t statistics in parentheses * p<0.1, ** p<0.05, *** p<0.01		

本文在稳健性检验的过程中进行了异方差处理，稳健性检验结果见表5。从表5可知，上述结果依然稳健，模型中解释变量对被解释变量的影响方向和显著性水平都没有发生改变。

表5 **稳健性检验结果**

变量	债务重组的发生（DRS）			债务重组对象选择（DRO）			债务重组途径选择（DRW）		
POL	0.685*** (5.37)			0.469** (-2.07)			0.169 (-0.58)		
BANK		0.500*** (3.91)			0.701*** (-2.63)			0.501* (-1.73)	
RELATION			0.397** (2.47)			0.781** (-2.37)			0.392 (-0.89)
SIZE	-0.653*** (-10.38)	-0.608*** (-9.85)	-0.611*** (-8.57)	-0.086 (-0.84)	-0.371*** (-2.79)	-0.119 (-0.87)	0.292** (-2.01)	0.200* (-1.67)	0.121 (-0.70)
LEV	0.211*** (2.66)	0.201*** (2.71)	-0.234** (2.17)	-0.007 (-0.24)	-0.215** (-2.51)	-0.001 (-0.02)	0.063 (-0.74)	-0.003 (-1.41)	-0.005* (-1.86)
ROA	0.135 (0.56)	0.134 (0.52)	-0.039 (-0.95)	0.133 (-0.38)	0.169 (-0.40)	0.049 (-0.12)	0.744** (-2.01)	1.098** (-2.80)	1.320* (-1.78)
GROWTH	0.000 (0.12)	0.000 (0.47)	-0.001 (-0.62)	0.009 (-1.29)	0.013* (-1.94)	0.012* (-1.67)	-0.005 (-0.17)	-0.002 (-0.07)	-0.031 (-0.86)
DUA	0.154 (0.93)	0.105 (0.65)	0.081 (0.39)	-0.253 (-0.95)	-0.147 (-0.54)	0.067 (-0.20)	-0.131 (-0.40)	-0.172 (-0.52)	-0.014 (-0.03)
IDR	-1.327 (-0.97)	-1.235 (-0.93)	1.477 (0.97)	-1.380 (-0.72)	-1.408 (-0.67)	-3.921 (-1.58)	0.757 (-0.28)	0.055 (-0.02)	-2.033 (-0.69)
ESH	-22.044*** (-2.68)	-23.948*** (-2.69)	-20.163*** (-3.11)	-14.386 (-1.07)	-16.207 (-0.99)	-8.826 (-0.78)	30.048* (-1.57)	29.383* (-1.71)	62.695* (-1.82)
LISTY	-0.061*** (-4.75)	-0.061*** (-4.76)	-0.081*** (-4.95)	0.014 (-0.46)	0.076** (-2.21)	0.035 (-0.89)	0.003 (-0.09)	0.008 (-0.21)	0.009 (-0.16)
INST	-3.246*** (-2.89)	-3.463*** (-3.18)	-3.126*** (-2.59)	2.608 (-1.12)	0.887 (-0.38)	0.765 (-0.27)	0.569 (-0.19)	0.320 (-0.10)	-4.372 (-1.21)
CSTR	0.045 (1.24)	0.036 (1.00)	-0.081* (-1.69)	0.245*** (-3.49)	0.173** (-2.35)	0.198** (-2.28)	-0.240** (-2.44)	-0.263*** (-2.80)	-0.329** (-2.31)

续表

变量	责务重组的发生（DRS）			债务重组对象选择（DRO）			债务重组途径选择（DRW）		
Constant	13.674*** (9.14)	12.830*** (8.69)	11.643*** (6.66)	4.122* (-1.85)	10.193*** (-3.13)	6.502* (-1.93)	-5.882* (-1.81)	-4.044 (-1.51)	-3.631 (-0.94)
N	2163	2163	1322	425	425	300	425	425	300
Log lik	-814.7[illegible]9	-822.176	-525.335	-264.494	-250.625	-183.917	-189.313	-187.405	-120.240
Wald Chi2	242.2 ***	227.61***	239.13***	50.42***	60.51***	53.00***	23.61*	25.45**	34.53*
Prob > chi2	0.000	0.000	0.000	0.000	0.0001	0.003	0.072	0.044	0.097
PR2	23.9[illegible]%	23.29%	26.57%	8.35%	13.17%	9.88%	5.15%	6.10%	10.20%
行业	控制			控制			控制		
	t statistics in parentheses			t statistics in parentheses			t statistics in parentheses		
	* p<0.1，** p<0.05，*** p<0.01			* p<0.1，** p<0.05，*** p<0.01			* p<0.1，** p<0.05，*** p<0.01		

六、研究结论

本文以2007—2016年沪深两市A股上市公司为初始样本，按照“当年偿还债务所支付的现金-上年末短期借款-上年末一年内到期的长期负债（非流动负债）”小于零为标准，筛选出没有足够现金流偿还当期债务的财务困境公司样本，来研究财务困境公司的政治关联、银企关系对债务重组决策的影响。本文将债务重组决策细化成三个层次：是否债务重组→跟谁发生债务重组→通过什么途径债务重组。研究发现，第一，政治关联、银企关系均与债务重组的发生在1%水平上显著正相关，同时存在两种关系与债务重组的发生在5%水平上显著正相关，说明存在政治关联和银企关系的财务困境公司更容易达成债务重组协议，而且同时存在两种关系更有利；第二，政治关联与债务重组债权人选择在5%水平上显著正相关，银企关系与债务重组债权人选择在1%水平上显著正相关，同时存在两种关系与债务重组债权人选择在5%水平上显著正相关，说明存在政治关联和银企关系的财务困境公司更愿意与金融类债权人达成债务重组协议，而且同时存在两种关系的公司的对象选择性更明显；第三，政治关联与债务重组途径选择负相关但不显著，银企关系与债务重组途径选择在5%水平上显著正相关，同时存在两种关系与债务重组途径选择正相关但不显著，说明存在银企关系的财务困境公司更愿意选择私下达成债务重组协议，而存在政治关联的财务困境公司在债务重组途径选择上并未表现出显著差异。本文的研究有利于财务困境公司建立“社会关系”，通过债务重组解决财务困境。

参考文献

[1] 巴曙松，刘孝红，牛播坤．转型时期中国金融体系中的地方治理与银行改革的互动研究[J]．金融研究，2005（5）：25-37.

[2] 陈键．银企关系与信贷可获得性、贷款成本——基于2003年NSSBF调查的实证分析[J]．财贸经济，2008（1）：86-93.

[3] 丁灿．系统重要性金融机构道德风险的形成与监管［J］．社会科学战线，2011（8）：87-93.

[4] 胡志颖，王丹丹．准则变迁、债务重组方式选择和政府监管——基于盈余管理视角的研究［J］．财经问题研究，2011（1）：75-81.

[5] 李传宪．政治关联、债务重组扭亏与公司投资效率［J］．审计与经济研究，2014（2）：76-84.

[6] 罗韵轩．金融生态环境、异质性债务治理效应与债务重组——基于中国上市公司的实证研究［J］．会计研究，2016（3）：43-49.

[7] 潘越，戴亦一，李财喜．政治关联与财务困境公司的政府补助——来自中国ST公司的经验证据［J］．南开管理评论，2009（5）：6-17.

[8] 姚姗姗，沈中华．政治关联、银行关系与财务困境恢复——基于中国ST上市公司的经验研究［J］．财经问题研究，2016（9）：77 84.

[9] 宋淑琴，高玲．产权性质、债务结构与债务重组规模——来自中国债务重组上市公司的经验证据［J］．投资研究，2015（3）：131-141.

[10] 孙光林，王海军，艾永芳．产能过剩影响商业银行不良贷款率的机制——基于各省市面板数据的实证研究［J］．当代经济管理，2017（3）：90-97.

[11] 唐建新，卢剑龙，余明桂．银行关系、政治联系与民营企业贷款——来自中国民营上市公司的经验证据［J］．经济评论，2011（3）：51-58.

[12] 谢德仁，张高菊．金融生态环境、负债的治理效应与债务重组：经验证据［J］．会计研究，2007（12）：43-50.

[13] 谢德仁，陈运森．金融生态环境、产权性质与负债的治理效应［J］．经济研究，2009（5）：118-129.

[14] 余明桂，潘红波．政治关系、制度环境与民营企业银行贷款［J］．管理世界，2008（8）：9-21.

[15] 余明桂，回雅甫，潘洪波．政治联系、寻租与地方政府财政补贴有效性［J］．经济研

究，2010（3）：65-77.

［16］祝继高，齐肖，汤谷良. 产权性质、政府干预与企业财务困境应对——基于中国远洋、尚德电力和李宁公司的多案例研究［J］. 会计研究，2015（5）：28-34.

［17］MITCHELL BERLIN，JAN LOEYS. Bond Covenants and Delegated Monitoring［J］. The Journal of Finance，1988（2）：397-412.

［18］ALLEN N. BERGER，GREGORY F. UDELL. Small Business Credit Availability and Relationship Lending：The Importance of Bank Organizational Structure［J］. The Economic Journal，2002，112（477）：32-53.

［19］JAMES R BOOTH，DANIEL N DELI. On Executives of Financial Institutions as Outside Directors［J］. Journal of Corporate Finance，1999（3）：227-250.

［20］ARNOUD W. A. BOOT. Relationship Banking：What Do We Know?［J］. Journal of Financial Intermediation，2000，9（1）：7-25

［21］BLAZY R.，MARTEL J.，NIGAM N. The choice between informal and formal restructuring：The case of French banks facing distressed SMEs［J］. Journal of Banking & Finance，2014，44（3）：248 263.

［22］BRUNNER A.，KRAHNEN J.P. Multiple Lenders and Corporate Distress：Evidence on Debt Restructuring［J］. The Review of Economic Studies，2008，75（2）：415-442.

［23］COUWENBERG，O.，DE JONG A. It takes two to tango：An empirical tale of distressed firms and assisting banks［J］. International Review of Law and Economics，2006，26（4）：429-454.

［24］DAHIYA S，SAUNDERS A，SRINIVASAN A. Financial Distress and Bank Lending Relationships［J］. The Journal of Finance，2003，58（1）：375-399.

［25］DAVYDENKO S A，FRANKS J R. Do Bankruptcy Codes Matter? A Study of Defaults in France，Germany，and the U.K.［J］. The Journal of Finance，2008，63（2）：565-608.

［26］DEMIROGLU C.，JAMES C. Bank loans and troubled debt restructurings［J］. Journal of Financial Economics，2015，118（1）：192-210.

［27］DEWATRIPONT M.，MASKIN E. Contract renegotiation in models of asymmetric information［J］. European Economic Review，1990，34（2）：311-321.

［28］DIAMOND D W. Financial Intermediation and Delegated Monitoring［J］. The Review of Economic Studies，1984，51（3）：393-414.

［29］DIAMOND D W. Monitoring and Reputation：The Choice between Bank Loans and Directly Placed Debt［J］. Journal of Political Economy，1991，99（4）：689-721.

［30］FACCIO M.，MASULIS R W.，MCCONNELL J J. Political Connections and Corporate Bailouts［J］. The Journal of Finance，2006，61（6）：2597-2635.

［31］JIANG X.，LI S.，SONG X. The mystery of zombie enterprises-“stiff but deathless”［J］. China Journal of Accounting Research，2017，10（4）：341-357.

［32］JIANG-CHUAN HUANG，CHIN-SHENG HUANG. The effects of bank relationships on firm private debt restructuring：Evidence from an emerging market［J］. Research in International Business and Finance，2011，25（1）：113 125.

[33] JIANG-CHUAN HUANG, CHIN-SHENG HUANG, CHUN-FAN YOU. Bank relationships and the likelihood of filing for reorganization [J]. International Review of Economics & Finance, 2015, (35): 278-291.

[34] JOSTARNDT P, SAUTNER Z. Out-of-Court Restructuring versus Formal Bankruptcy in a Non-Interventionist Bankruptcy Setting [J]. Review of Finance, 2010, 14 (4): 623-668.

[35] HART O., MOORE J. Incomplete contracts and renegotiation [J]. Econometrica: Journal of the Econometric Society, 1988, 56 (4): 755 785.

[36] JIANG-CHUAN HUANG, CHIN-SHENG HUANG, HUEH-CHEN LIN. Firm Debt Renegotiation, Reorganization Filing and Bank Relationships [J]. International Finance, 2013, 16 (3): 393-422.

[37] INOUE K., KATO H.K., BREMER M. Corporate restructuring in Japan: Who monitors the monitor? [J]. Journal of Banking & Finance, 2008, 32 (12): 2628 2635.

[38] GILSON S.C., JOHN K., LANG L.H.P. Troubled debt restructurings: An empirical study of private reorganization of firms in default [J]. Journal of Financial Economics, 1990, 27 (2): 315-353.

[39] GRIGORIAN D, RAEI F. Government Involvement in Corporate Debt Restructuring: Case Studies from the Great Recession [J]. Modern Economy, 2013, 4 (3): 171-186.

[40] ASIM IJAZ KHWAJA, ATIF MIAN. Do Lenders Favor Politically Connected Firm? Rent Provision in an Emerging Financial Market [J]. The Quarterly Journal of Economics, 2005, 120 (4): 1371-1411.

[41] MICUCCI G, ROSSI P. Debt Restructuring and the Role of Banks' Organizational Structure and Lending Technologies [J]. Journal of Financial Services Research, 2017, 51 (3): 339-361.

[42] PETERSEN M A., RAJAN R G. The Benefits of Lending Relationships: Evidence from Small Business Data [J]. The Journal of Finance, 1994, 49 (1): 3-37.

[43] RAJAN R, WINTON A. Covenants and Collateral as Incentives to Monitor [J]. The Journal of Finance, 1995, 50 (4): 1113-1146.

[44] SHIBATA T., TIAN Y. Reorganization strategies and securities valuation under asymmetric information [J]. International Review of Economics & Finance, 2010, 19 (3): 412 426.

[45] ANDREW G. WALDER. China' s Transitional Economy: Interpreting its Significance [J]. The China Quarterly, 1995, (144): 963-979.

Political Connection, Bank-Enterprise's Relation and Debt Restructuring Decision

——Evidence from China's Listed Companies in Financial Distress

Abstract This paper takes the listed companies with financial distress in the public offering of A shares in Shanghai and Shenzhen stock markets for the period of 2007—2016 as a sample to study the impact of the political connection and the relationship between banks and enterprises on the debt restructuring decision. The debt restructuring decision includes three aspects: whether to reach a debt restructuring agreement, who reached a debt restructuring agreement, choose what path to debt restructuring agreement. The study found: political connection and bank - enterprise ' s relationship is easier for a financial distress company to reach a debt restructuring agreement, and if a company have two kinds of relations at the same time that are more favorable; financial distress company with political connection and bank-enterprise's relationship is more willing to reach a debt restructuring agreement with financial creditors, and the object-selectiveness of companies with both relationships is more obvious; financial distress company with bank - enterprise ' s relationship is more willing to reach private debt restructuring agreement, while the political connection of financial distress companies in debt restructuring options did not show significant differences. The study is conducive to financial distress companies to establish social relations through debt restructuring to solve financial difficulties.

Key Words Financial distress; political connections; bank-enterprise's relation; debt restructuring

第 9 辑，2019 年
No.9，2019
会计与控制评论
Review of Accounting and Control

媒体监督对审计意见购买行为的影响①

刘　滕[1]　周　鑫[2]

（1. 中国交通建设股份有限公司　北京　100088）
（2. 东北财经大学会计学院　大连　116025）

摘　要　随着上市公司审计意见购买行为的渐趋普遍，抑制该行为的重要性日益凸显。本文选择 ST 上市公司作为研究样本，运用 Lennox（2000）的审计意见估计模型和审计师变更模型，验证了国外经典模型在我国资本市场中的适用性，论证了媒体监督对我国上市公司（包括盈利类公司和亏损类公司）审计意见购买行为的影响。研究表明：媒体监督能够抑制上市公司的审计意见购买行为；相对于盈利类公司，媒体监督对亏损类公司审计意见购买行为的抑制作用更加显著。本文在研究中首次加入了媒体监督这一因素，不仅丰富了审计意见购买和媒体监督两个研究领域的内容，也为实务界重视媒体监督的外部约束作用和公司治理效应提供了有力的理论支持。

关键词　审计意见购买　审计师变更　媒体监督

---

① 通讯作者：周鑫（1994—），男，东北财经大学会计学院硕士研究生，主要研究方向：会计与资本市场、审计。本文得到了辽宁省教育厅青年科技人才育苗项目（LN2019Q54）的资助，在此表示感谢。

一、引言

（一）研究背景

审计意见关系到经营管理者的投资决策和信息使用者的经济决策。资本市场的监管日益严格，促使审计意见购买行为开始在上市公司中逐渐出现，这必然会影响到审计师的独立性和审计意见的可靠性，从而降低审计质量。所以，关于审计意见购买行为的研究也随之成为学术界和实务界普遍关注的问题。

在大多数研究中，上市公司的审计意见购买行为通常是与审计师变更相联系的，早期研究审计意见购买问题的学者（Chow & Rice，1982；Smith，1986；Krishnan，1994；Krishnan & Stephens，1995）往往遵循这样一种思路：大多数上市公司会通过变更审计师来实现审计意见购买的目的，如果上市公司在变更审计师之后获得更为有利的审计意见，那么就说明上市公司成功地实施了审计意见购买行为。尽管这种简单的研究思路引领了审计意见购买领域的早期研究，但其结论的说服力显然有待商榷。为了对审计意见购买问题进行更为严谨的论证，Lennox（2000）构建了审计意见估计模型，并借此模型预测公司在变更审计师和不变更审计师两种不同情况下获得的审计意见及其差异，从而论证了审计师变更对上市公司审计意见的影响。Lennox发现，审计师变更使上市公司获得的审计意见得到了显著改善，即上市公司成功地实现了审计意见购买的目的。同时Lennox还认为，审计意见购买是审计师变更的主要原因。此外，Lennox（2000）为了弥补以前研究的不足，还设计了审计师变更模型，该模型的基本原理是：首先，通过审计意见估计模型对变更审计师的上市公司在做出不变更决策（即相反的决策）时可能获得的审计意见类型或其概率做出估计，并将两种不同类型决策下上市公司获得的审计意见进行比较；然后，将比较的结果纳入审计师变更的影响因素当中，以此来检验上市公司是否成功实现了审计意见购买行为。研究结果表明，相比变更审计师之前获得的审计意见，上市公司在变更审计师之后获得的审计意见并未出现明显的改善，但是，如果能证明上市公司若不变更审计师会获得更不利的审计意见或概率更大，则我们认为，上市公司成功地实现了审计意见购买的目的。

目前，学术界对审计意见购买的相关研究只是集中在外部行业监管和内部舞弊治理两个方面，对于如何抑制上市公司的审计意见购买行为并没有广泛关注。雷光勇（2004）将审计意见购买与财务舞弊治理两大因素结合起来进行研究，他认为系统治理财务报告舞弊的前提是将审计意见的供给方、需求方以及外部环境等方面综合考虑。吴联生（2005）在研究中建立了一套包括经营者、审计师、监管者在内的动态博弈模型，分析了上市公司在分别获得变动收益和固定收益时出现的审计意见购买行为特征及相应的监管策略。研究结果表明，无论上市公司获得哪种收益，监管者可能采取的最优监管策略都无法杜绝上市公司的审计意见购买行为。

近年来，媒体监督作为独立的外部约束机制，其强大的监督约束效应越来越受到各个研究领域的广泛关注。本文在研究中首次加入了媒体监督的因素，通过逻辑回归分析了媒体监督对我国资本市场中上市公司审计意见购买行为的影响。本文选择ST公司作为研究样本，主要出于两个方面的考虑：第一，相对于非ST公司，媒体对ST公司的关注度通常更高，这就保证了研究中所需要的足够样本量；第二，所有ST公司在财务状况、经营特征等方面往往存在一定的同质性，这样便可以降低不可控因素对研究结果的影响。

此外，国内学者在研究审计意见购买问题时，实际采用的模型通常是在国外已有经典模型的基础上改进而来的。由于国外经典模型中的某些变量处理起来难度较大，因此，这些变量在国内改进的模型中往往很难看到。但是，这些改进的研究模型无法严格评价国外经典模型在国内资本市场中的适用性，也无法深入分析造成国内外差异的原因。为了减少改进模型对研究结果的干扰，本文严格复制了Lennox（2000）的审计意见估计模型和审计师变更模型，一方面验证了国外经典模型在我国资本市场中的适用性，另一方面凭借国外经典模型较强的说服力论证了媒体监督对我国上市公司审计意见购买行为的影响。另外，本文还按照公司的盈亏状况，将研究样本划分为盈利类公司和亏损类公司两类，并对这两类公司的审计意见购买行为分别进行媒体监督抑制作用的验证。

（二）研究结论和意义

本文的研究结论：媒体监督能够抑制上市公司的审计意见购买行为；相对于盈利类公司，媒体监督对亏损类公司审计意见购买行为的抑制作用更加显著。

本文在研究中首次加入媒体监督这一影响因素，不仅丰富了审计意见购买和媒体监督两个研究领域的内容，而且为实务界重视媒体监督的外部约束作用和公司治理效应提供了理论支持。根据本文的研究结论，我们在监管实务中要特别注重媒体监督的外部约束作用，不仅要加强对财务状况较差公司的监管，而且要特别重视对亏损类公司的监督和管理，尤其注重媒体监督对亏损类公司的外部治理作用。在监管实务中，我们可以通过提升媒体客观性、增强上市公司透明度等手段来遏制财务状况较差的公司实施审计意见购买行为，从而提高审计意见的可靠性和财务信息的可信度。

（三）研究方法和内容

本文采用实证研究的方法，通过对我国A股市场ST公司的回归分析，验证了我国上市公司审计意见购买行为的存在性，并探讨了媒体监督对上市公司审计意见购买行为的抑制作用。本文在第二部分将回顾审计意见购买和媒体监督两个领域的研究成果；在第三部分将提出研究假设以及检验模型；在第四部分将介绍研究样本的处理过程、样本分布以及样本的描述性统计信息；在第五部分将列示实证研究的结果并对该结果进行相关分析；在第六部分将做相关的稳健性检验，验证研究结果的可靠性；在第七部分将对研究的结论予以总结，并提出有针对性的可行性建议。

二、文献回顾

审计意见一直是会计界研究的重要问题，随着审计意见购买行为在上市公司中渐趋普遍，审计意见购买的话题也逐渐受到理论界和实务界的广泛关注。20世纪，美国著名经济学家斯蒂格勒和布坎南在研究政府管制的问题时，共同提出了一个新的学术名词——合谋，审计意见购买的概念也就是在此基础上提出的。“审计意见购买”（Audit Opinion Shopping）一词最早的定义是1988年美国证券交易委员会（SEC）所作的界定：“上市公司寻求其他审计师支持自己的会计处理以满足自身财务报告的需要，即使这种会计处理会损害财务报告的可靠性。”

（一）审计意见购买

耿建新、杨鹤（2001）采用实证分析的方法对我国A股上市公司1995—1999年度的数据进行了研究，他们认为，相对未被出具过非标准审计意见的上市公司，被出具过非标准审计意见的上市公司更倾向于变更审计师，并且上市公司在变更审计师之后，其获得的标准审计意见显著地多于非标准审计意见。李爽、吴溪（2002）选取了1998—2000年之间的2 016个样本数据（所有样本在连续两个年度之间都出现了审计师变更的情形），采用修正后的Lennox（2000）模型探索了审计师在发表附强调事项段的无保留审计意见和保留审计意见之间做出选择的影响因素。研究结果表明，上市公司的盈余管理因素能够对审计师的审计报告行为（对审计意见类型的选择行为）产生显著的负面影响，从而支持了“上市公司通过变更审计师能够成功地实现其审计意见购买动机”的结论。陆正飞、童盼（2003）通过借鉴Lennox（2000）的经典模型，对我国A股上市公司2000—2001年的2 003个样本数据进行实证分析，研究了14号规则对我国上市公司审计意见购买行为的影响。研究发现，无论在14号规则颁布之前，还是在14号规则颁布之后，上市公司均存在审计意见购买的动机。并且，在2000年（14号规则颁布之前），上市公司并不能够成功地实现审计意见购买的目的；而在2001年（14号规则颁布之后），上市公司则能够成功地实现审计意见购买的目的。吴联生、谭力（2005）首次运用修正的Lennox（2000）审计意见估计模型研究上市公司通过变更审计师改善审计意见的决策行为。他们在研究中将审计师变更区分为变更决策行为与变更决策结果两个方面，然后再次运用审计意见估计模型来检验审计师变更是否能够改善上市公司获得的审计意见。研究结果表明，我国的上市公司在做出变更审计师决策时通常基于以下两个方面考虑：一方面，上市公司在上一年度被出具非标准审计意见；另一方面，上市公司预计在下一年度（变更审计师之后的年度）能够获得更好的审计意见。但是，吴联生等人的实证研究表明，上市公司在变更审计师之后获得的审计意见并没有得到显著地改善。王春飞（2006）借鉴联盟理论的理论框架，研究了上市公司的审计意见购买行为。研究结果表明，通过建立并扩大道德联盟，可以增加审计师的福利，减少审计师被收买的可能性，进而减少上市公司的审计意见购买行为。

（二）媒体监督

关于媒体监督的现有研究仅仅集中于媒体对公司治理和投资者行为两个方面的影响。国外学者普遍认为，媒体对公司治理具有积极的影响。现有研究中，很多学者使用报刊等的发行量或报道数作为媒体影响力（媒体监督）的替代变量，Dyck & Zingales（2004）认为，媒体监督能够有效降低基于控制权而引发的私人收益。Miller（2006）通过研究发现，媒体监督作为有效的外部约束工具有助于揭示资本市场中出现的会计丑闻。Dyck，et al（2008）的研究结果表明，媒体监督能够有效抑制上市公司侵害外部投资者权益的行为。Joe，et al（2009）则在研究中探讨了媒体监督对上市公司董事会治理的影响。结果表明，董事会效率低下的上市公司在遭到媒体曝光之后，通常会积极地采取措施来提高董事会的效率。目前，国内研究媒体与公司治理之间关系的文献还不是很多，贺建刚等（2008）采用案例分析的方法追踪了五粮液公司2003年之后关联交易和现金股利的变化情况，发现媒体监督并不能够显著地抑制上市公司大股东的掏空行为。然而，由于其采用的研究方法是案例分析，研究结论能够在多大程度上推广为一般性结论仍然需要进一步的验证。李培功、沈艺峰（2010）通过实证分析的方法，研究了媒体监督在我国上市公司治理中的作用。他们认为，媒体监督在提高上市公司治理水平、保护各类投资者权益方面具有显著的积极作用。另外，他们还按照媒体的市场化程度将所有媒体划分为政策导向型和市场导向型两类，分类后的研究结果表明，相对于政策导向型媒体，市场导向型媒体的监督能够更加显著地提高上市公司的治理水平。戴亦一等（2011）从财务重述的角度出发，分析了媒体监督对提高我国上市公司治理水平的影响。研究结果表明，媒体监督能够有效抑制上市公司的财务重述行为，而且政府对媒体的干预程度越低，媒体监督对公司财务重述行为的抑制作用就越显著。

随着资本市场信息的日益透明化，媒体监督对资本市场尤其是投资者行为的影响问题逐渐成为很多学者关注的焦点。Huberman & Regev（2001）、Dyck & Zingales

(2003)、Nguyen Dang (2005) 等通过实证分析的方法研究了媒体监督对资本市场中各类投资者行为的影响，研究结果表明，媒体通过对信息的各种处理影响了投资者的市场预期和经济决策。Dyck & Zingales (2003) 在理性投资者的假设前提下，研究了媒体监督对投资者行为的影响，他们发现，媒体监督改变了知情交易者的数量，提高了交易信息的可信度，最终影响了投资者的决策行为。Odean (1999)、Barber & Odean (2003) 则基于投资者有限理性的假设前提，从投资者如何分配注意力的角度揭示了媒体监督对投资者行为的影响。研究结果表明，媒体监督不仅影响了投资者所获信息的数量和质量，更重要的是，媒体监督通过影响投资者注意力的分配方式影响了投资者的决策。在审计研究领域，Jennifer R.Joe (2002) 研究了媒体报道对审计师审计报告（出具审计意见类型的决策行为）的影响，研究结果表明，审计师面对媒体负面报道的企业，通常更倾向于出具非标准的审计意见。

三、研究假设及模型设计

（一）研究假设

审计意见作为独立第三方注册会计师对上市公司会计信息的保证和评价，不仅关系到会计报告使用者的投资决策，而且与上市公司的运营管理息息相关。随着市场竞争的日益激烈和外部监管的日趋严格，很多上市公司开始通过审计意见购买行为寻求更为有利的审计意见。而且，已有研究表明，审计意见购买行为通常在财务状况较差的公司更为明显（Lennox，2000）。为了验证该结论在我国资本市场中的适用性，本文选取了通常被市场认为财务状况较差的ST公司作为研究样本，并严格借鉴了Lennox (2000) 的审计意见估计模型（见本文模型（1））和审计师变更模型（见本文模型（2）），通过实证分析的方法研究了审计意见购买行为在我国资本市场中的存在性。研究结果表明，我国资本市场中的上市公司存在显著的审计意见购买行为。

在我国，相对于非ST公司，ST公司通常拥有更高的媒体关注度。媒体监督作为一种独立的外部约束机制，不仅对上市公司能够起到显著的公司治理作用（Dyck & Zingales，2004；Miller，2006；李培功、沈艺峰，2010），而且对资本市场参与者的行为也会形成一定的影响（Huberman & Regev，2001；Dyck & Zingales，2003；Nguyen Dang，2005）。对上市公司而言，再融资通常是其在资本市场中的重要财务活动，而降低再融资成本则是所有上市公司的共同诉求。一般而言，公司的再融资成本是由债券市场利率及股票市场价格决定的，而媒体对公司的报道性质及报道程度一方面能够通过影响债券投资者对公司经营状况的预期间接影响公司债券的市场利率，另一方面还能够影响到股权投资者对公司未来发展状况的预期，从而影响整个市场对公司股价未来走势的预期，进而决定上市公司再融资时股票的市场价格。因此，媒体对公司的报道能够影响上市公司的再融资成本。一般而言，媒体的负面报道越多，公司的再融资成本就越高；媒体的正面报道越多，公司的再融资成本则越低。基于上述分析，为了降低再融资成本，上市公司会非常重视媒体对自身的报道性质和报道程度，而且大多数公司会努力增加媒体的正面报道数，同时减少媒体的负面报道数。为此，上市公司需要尽量降低自身不良经营行为和财务行为的出现频率。因此，从媒体对公司自身的影响来看，媒体报道尤其是负面报道能够抑制公司的审计意见购买等不良行为。此外，媒体监督对审计师的行为也能够起到特定的约束作用。媒体对公司的关注度越高，接受该公司审计业务的审计师通常就会越谨慎，因为在审计师看来，审计媒体关注度高的公司，审计过程中隐藏的审计风险往往更高。为了降低潜在的审计风险，审计师通常会保持更高的独立性，在较高审计独立性的约束下，审计师配合上市公司审计意见购买行为的可能性就会大大降低。所以，就媒体对审计师的影响而言，媒体监督依然能够抑制上市公司的审计意见购买行为。根据以上分析，我们得到本文的假设1：

H1：媒体监督能够有效抑制上市公司的审计意见购买行为。

上市公司按照盈利状况可以分为盈利类公司和亏损类公司两大类。相对于盈利类公司，亏损类公司的财务状况通常被认为是较差的。一般而言，媒体对亏损类公司的关注度也相对较高。基于本文对假设1的理论分析，亏损类公司为了减少媒体对自身的负面报道数，必然会努力降低不良财务行为和经营行为出现的可能性，因此，随着媒体关注度的提高，亏损类公司审计意见购买行为的减少幅度通常更为显著。另外，从分析师的角度出发，审计亏损类公司本身就意味着较高的审计风险，这必然促使审计师主动提高自身的审计独立性，并保持更高的职业谨慎，以便降低业务过程中的审计风险，从而更加有效地抑制了亏损类公司的审计意见购买行为。所以，无论从上市公司自身的角度出发，还是从审计师的角度出发，相对于盈利类公司，媒体监督对亏损类公司审计意见购买行为的抑制作用更为显著。根据以上分析，我们得到本文的假设2：

H2：相对于盈利类公司，媒体监督对亏损类公司审计意见购买行为的抑制作用更为显著。

（二）审计意见估计模型

为了验证前文所提出的两个理论假设，我们借鉴了Lennox（2000）在研究中建立的审计意见估计模型和审计师变更模型，依次验证审计意见购买行为在我国资本市场中的存在性以及媒体监督对我国上市公司审计意见购买行为的影响。根据Lennox（2000）的研究思路，对于变更审计师的上市公司，我们首先通过审计意见估计模型（模型（1））估计公司在不变更审计师的情况下获得的审计意见，然后将变更审计师和不变更审计师两种情况下公司获得的审计意见作差，将两类审计意见之差作为解释变量加入审计师变更模型（模型（2））中并进行回归分析，从而判断上市公司是否存在审计意见购买行为。同样地，对于不变更审计师的上市公司，我们也通过审计意见估计模型估计其在变更审计师的情况下获得的审计意见，并将两种情况下获得的审计意见之差作为新的解释变量加入审计师变更模型当中，以此来判断上市公司是否存在审计意见购买行为。基于以上分析，我们首先建立了审计意见估计模型（Lennox，2000），如模型（1）所示。

$$Q_{it}^{qs*} = \gamma_0 + \gamma_1 S_{it} + \gamma_2 X_{it} + \gamma_3 X_{it} S_{it} + \gamma_4 Q_{it-1} + \gamma_5 Q_{it-1} S_{it} + v_{it} \quad \text{模型（1）}$$

其中，S_{it}表示上市公司i在第t年是否变更审计师，如果上市公司i在第t年变更审计师则S_{it}=1；否则，S_{it}=0。Q_{it}表示上市公司i在第t年获得的审计意见类型，如果上市公司i在第t年获得的审计意见为非标准审计意见，则Q_{it}=1；否则，Q_{it}=0。Q_{it-1}表示上市公司i在第t-1年获得的审计意见类型，如果上市公司i在第t-1年获得的审计意见为非标准审计意见，则Q_{it-1}=1；否则Q_{it-1}=0。Q_{it}^{qs*}表示上市公司i在第t年估计获得的审计意见类型，如Q_{it}^{10}表示上市公司i在第t-1年获得的审计意见为非标准审计意见，并且在第t年不变更审计师的情况下估计获得的审计意见类型。X_{it}表示相关的控制变量，模型（1）中的控制变量包括LEV_{it}、ROC_{it}、$DIRS_{it}$、$LARS_{it}$、GCF_{it}。其中，LEV_{it}表示上市公司i在第t年年末的资产负债率，在数值上，LEV_{it}=第t年年末负债总额/第t年年末资产总额。ROC_{it}表示上市公司i在第t年年末的资本回报率，在数值上，ROC_{it}=第t年息税前利润×100/（第t年年末非流动负债+第t年年末短期负债-第t年年末无形资产净额-第t年年末递延所得税资产）。$DIRS_{it}$表示上市公司i在第t年年末的高管持股比例之和。$LARS_{it}$表示上市公司i在第t年年末的大股东持股比例，在数值上，$LARS_{it}$等于上市公司i第t年年末持股比例高于5%的股东的持股比例之和。GCF_{it}表示上市公司i在第t年年的毛利现金流量比率，在数值上，GCF_{it}=第t年的息税前利润×100/（第t年年末的非流动负债+第t年年末的流动负债-第t年年末的无形资产净额）。此外，根据Lennox（2000）的审计意见估计模型，本文中涉及的控制变量X_{it}还应当包括上市公司i在下一年度是否破产的因素$FAILS_{it}$（若上市公司i在第t+1年破产，则$FAILS_{it}$=1；否则$FAILS_{it}$=0）。但是，由于我国资本市场中的上市公司破产制度尚不健全，严格来讲，我国只有极少数的上市公司存在破产，所以，本文在研究中并没有将破产因素加入到控制变量当中。

（三）审计师变更模型

通过模型（1）可以估计出上市公司i在第t年变更或不变更审计师的情况下获得的审计意见类型的预测值$\hat{Q}_{it}^{q1*}$与$\hat{Q}_{it}^{q0*}$，然后，我们将两种不同情况下公司获得的审计意见之差（$\hat{Q}_{it}^{q1*}-\hat{Q}_{it}^{q0*}$）作为新的解释变量加入审计师变更模型（即模型2）中，通过回归分析研究上市公司是否存在审计意见购买行为，审计师变更模型如模型（2）所示。

$$S_{it}^{*}=\theta_0+\theta_1(\hat{Q}_{it}^{q1*}-\hat{Q}_{it}^{q0*})+\theta_2X_{it}+\mu_{it} \qquad \text{模型（2）}$$

其中，S_{it}^{*}表示上市公司i在第t年是否变更审计师，如果上市公司i在第t年变更审计师，则$S_{it}^{*}=1$；否则，$S_{it}^{*}=0$。$\hat{Q}_{it}^{q1*}$表示上市公司i在第t年变更审计师的情况下估计获得的审计意见类型，如果上市公司估计在第t年获得的审计意见为非标准审计意见，则$\hat{Q}_{it}^{q1*}=1$；否则$\hat{Q}_{it}^{q1*}=0$。$\hat{Q}_{it}^{q0*}$表示上市公司i在第t年不变更审计师的情况下估计获得的审计意见类型，如果上市公司i估计在第t年获得的审计意见为非标准审计意见，则$\hat{Q}_{it}^{q0*}=1$；否则$\hat{Q}_{it}^{q0*}=0$。X_{it}表示控制变量，在本文的研究中，控制变量X_{it}包括资产负债率（LEV_{it}）、资本回报率（ROC_{it}）、高管持股比例（$DIRS_{it}$）、大股东持股比例（$LARS_{it}$）、毛利现金流量比率（GCF_{it}）。各控制变量的定义同前文模型（1）中所述。

根据已有研究的结论，财务状况较差的公司通常更容易出现审计意见购买行为，所以，我们预计本文所研究的ST公司通常也会存在审计意见购买行为。此外，根据统计学原理和Lennox（2000）的研究方法，在审计意见估计模型中，公司获得特定类型审计意见的预测值与公司获得该类型审计意见的可能性呈正相关关系（即Q_{it}^{qs*}与$Pr(Q_{it}^{qs*})$呈正相关关系）。基于此，在模型（2）中，当上市公司i在第t年变更审计师（即$S_{it}^{*}=1$）时，公司i在第t年变更审计师的情况下估计获得非标准审计意见的可能性应该小于公司在不变更审计师的情况下估计获得非标准审计意见的可能性（即$\hat{Q}_{it}^{q1*}<\hat{Q}_{it}^{q0*}$）；类似地，当上市公司i在第t年不变更审计师（即$S_{it}^{*}=0$）时，公司i在第t年变更审计师的情况下估计获得非标准审计意见的可能性应该大于公司在不变更审计师的情况下估计获得非标准审计意见的可能性（即$\hat{Q}_{it}^{q1*}>\hat{Q}_{it}^{q0*}$）。因此，在模型（2）中，我们预计系数$\theta_1$显著为负，即公司存在审计意见购买行为。

（四）媒体监督影响模型

根据模型（2）的预计系数，我们可以得出我国上市公司存在审计意见购买行为的结论，这一结论既可以验证Lennox（2000）经典模型在我国资本市场中的适用性，又可以为本文下一步对媒体监督抑制作用的验证提供一个良好的研究前提。在本文的研究中，我们使用8家主要财经报纸对上市公司的报道数（包括总报道数、负面报道数以及非负面报道数）作为媒体监督的替代变量，并将这一解释变量加入模型（3）中，以此来研究媒体监督对上市公司审计意见购买行为的抑制作用。

$$S_{it}^{*}=\beta_0+\beta_1(\hat{Q}_{it}^{q1*}-\hat{Q}_{it}^{q0*})+\beta_2(\hat{Q}_{it}^{q1*}-\hat{Q}_{it}^{q0*})\times C_{it}+\beta_3C_{it}+\beta_4X_{it}+\varepsilon_{it} \qquad \text{模型（3）}$$

其中，C_{it}表示上市公司i在第t年被媒体报道的次数，在本文的研究中，它又包括三个不同的替代变量：T_{it}表示媒体在第t年对上市公司i的报道总数；N_{it}表示媒体在第t年对上市公司i的负面报道数；FN_{it}表示媒体在第t年对上市公司i的非负面报道数。其他变量的定义同前文模型（2）中所述。

根据已有的研究结果（财务状况较差的公司通常更容易出现审计意见购买行为）以及前文对模型（2）中变量系数的分析，我们预计在模型（3）中，系数β_1应该显著为负。根据本文的理论假设1，媒体监督能够抑制上市公司的审计意见购买行为，我们预计模型（3）中交互项（$\hat{Q}_{it}^{q1*}-\hat{Q}_{it}^{q0*}$）$\times C_{it}$的系数$\beta_2$应该显著为正，即上市公司存在审计意见购买行为，并且媒体监督能够抑制上市公司的审计意见购买行为。

根据理论假设2，相对于盈利类公司，媒体监督对亏损类公司审计意见购买行为的抑制作用更为显著，所以，当我们按照公司盈利状况将全部样本划分为盈利类公司样本和亏损类公司样本并分别进行回归分析时，可以预计在模型（3）中，针对亏损类公司样本的回归系数β_2应该显著为正，而针对盈利类公司样本的回归系数β_2应该不显著为正。

此外，为进一步验证理论假设2，本文通过构造审计意见（OP）、媒体监督（C）和盈亏状况（SFG）三者的交互变量，建立了模型（4）。通过分析三个变量之间的交互项（OP^*C^*SFG）系数，验证公司的盈亏状况对媒体抑制作用的影响，模型（4）如下所示。

$$S_{it}^{*}=\varphi_0+\varphi_1（\hat{Q}_{it}^{q1*}-\hat{Q}_{it}^{q0*}）+\varphi_2C_{it}+\varphi_3SFG_{it}+\varphi_4（\hat{Q}_{it}^{q1*}-\hat{Q}_{it}^{q0*}）\times C_{it}+\varphi_5（\hat{Q}_{it}^{c1*}-\hat{Q}_{it}^{q0*}）\times SFG_{it}+\varphi_6C_{it}\times SFG_{it}+\varphi_7（\hat{Q}_{it}^{q1*}-\hat{Q}_{it}^{q0*}）\times C_{it}\times SFG_{it}+\varphi_8X_{it}+\omega_{it} \quad \text{模型（4）}$$

其中，SFG_{it}表示上市公司i在第t年的盈亏状况，如果公司i在第t年盈利，即$GCF>0$，则SFG_{it}取值为1；若公司i在第t年亏损，即$GCF\leqslant 0$，则SFG_{it}取值为0。其他变量的情况同模型（1）、模型（2）和模型（3）中所述。

根据理论假设2，换而言之，相对于亏损类公司，盈利类公司能够显著弱化媒体监督的抑制作用。因此，我们预计在模型（4）中，审计意见（OP）、媒体监督（C）以及公司盈亏状况（SFG）的交互项系数φ_7应该显著为负，由此预计结果也能支持假设2的成立。

四、样本与描述统计

（一）样本处理及分布

本文研究所需的数据主要来自国泰安经济金融研究（CSMAR）数据库和万德

资讯（WIND）数据库。根据已有的研究结论，即财务状况较差的公司通常更容易出现审计意见购买行为（Lennox，2000），而且这类公司通常受到媒体更多的关注，我们选取了中国A股市场中ST公司在2001—2011年的数据样本进行研究。由于之前大多数的研究都是基于审计师变更与审计意见购买之间的关系进行的，并且大多数学者仅仅选择了时间跨度在2～3年的数据样本，所以，已有的研究结论往往不具有很强的说服力。为了弥补研究样本"时间跨度短、样本容量小"的不足，在本文的研究当中，我们选取了涵盖11个连续年度的样本资料。关于媒体监督的数据，我们借鉴Fang & Peress（2009）、李培功和沈艺峰（2010）、戴亦一等（2011）在研究中的做法，从中国重要报纸全文数据库（CNKI）中选择8份最具影响力的全国性财经报纸作为媒体报道的来源，并将8份主要财经报纸对上市公司的报道数（包括媒体报道总数、媒体负面报道数以及媒体非负面报道数三类）作为媒体监督的替代变量。这8家主要财经报纸分别是《中国证券报》、《证券日报》、《证券时报》、《上海证券报》、《中国经营报》、《经济观察报》、《21世纪经济报道》以及《第一财经日报》。为了尽可能地减少数据遗漏，我们在搜集和统计媒体报道数的过程中，坚持"三个结合"的原则，即"标题查询"和"主题查询"相结合、"公司全称"和"公司简称"相结合、"准确查询"和"模糊查询"相结合。根据本文的研究需要，我们将搜集到的媒体报道的相关数据进一步划分，并统计出全部报道数、负面报道数与非负面报道数三个细分指标。在数据细分的过程当中，本文借鉴了李培功和醋卫华（2011）、戴亦一等（2011）的做法，根据媒体报道的题目和内容对报道类型（负面报道和非负面报道）进行判断，如果相关报道的标题中包含明显的怀疑、批判以及负面评价的词语和语气，或者虽然标题中采用的是中性化的语句，但实质上却能向读者展示所报道公司存在的问题，那么，我们就将这类报道视为负面报道；否则，我们将其判断为非负面报道。

在对样本数据进行搜集和整理的基础上，本文还对数据做了如下几个方面的处理：（1）将资产负债率大于1的样本作为异常值剔除，这种处理方法既符合基本的财务常识，也与Lennox（2000），Inder K.Khurana & K.K.Raman（2004），Chee Yeow Lim & Hun Tong Tan（2008），Charles J.P.Chen & Xijia Su & Xi Wu（2009），吴联生（2009），张雅慧等（2011）的处理方法相同；（2）剔除属于金融行业的公司样本。金融类公司的业务比较特殊，适用的会计准则与其他行业的公司也存在很大的差别，对这类公司的样本数据的处理，本文遵从大多数学者的研究惯例，故予以剔除；（3）剔除回归模型中所包含各变量有残缺值的样本数据，包含变量残缺值的样本通常会影响研究结果，根据多数人的研究惯例，故也予以剔除；（4）对所研究的样本数据进行5%的缩尾处理。由于本文的研究中包含很多连续变量，如资产负债率（LEV）、业绩回报率（ROC）、高管持股比例（DIRS）、大股东持股比例（LARS）等，因此，本文对样本数据使用5%的比例进行缩尾处理，能够更好地剔除样本中的异常值，这样，既有利于我们观察样本的整体规律，又在一定程度上强化了研究结果的显著性。

研究样本根据处理过程而呈现的分布状况见表1。

表1 样本分布

样本处理	样本数	占原始样本量比例
原始样本	3 180	100%
剔除LEV > 0的样本	2 620	82.39%
剔除金融行业样本	2 299	72.30%
剔除取值为空样本	1 204	37.86%
按5%比例缩尾处理	1 108	34.84%

由表1所列的样本分布情况可知，在我国A股市场的ST公司中，属于金融行业的公司所占比例约为10%，这一比例显然不算太高，这与现阶段我国金融业高盈利的状况以及金融业上市公司"大而不倒"的特点是完全相吻合的。在对样本数据按照5%的比例进行缩尾处理以后，被剔除的公司样本所占比例仅为原始样本的3%，说明剔除异常值以后样本数据所呈现的分布状况与原始样本所呈现的整体分布状况相比，并没有存在较大的差异。因此，根据剔除异常值后的样本所得到的研究结论对原始样本而言，仍然具有非常强的说服力。

（二）样本描述统计

研究样本的描述性统计数据见表2。通过对表2的分析，整体而言，表中所列变量的标准差都比较小，这是前期对数据按照5%的比例进行异常值处理的结果。资产负债率（LEV）的最大值为0.9995，最小值为0.1795，所有取值均处于0~1之间，显然这是因为在异常值处理时剔除了LEV>1的样本数据。资本回报率（ROC）的最大值为0.6930，最小值为-0.2306，毛利现金流量比率（GCF）的最大值为0.6846，最小值为-0.2294，这两个变量均与上市公司的经营业绩相关，通过这两个变量的描述统计信息，我们可以看出，我国A股市场中ST公司的业绩有盈余也有亏损。高管持股比例（DIRS）的最大值为0.0009，最小值为0，可见所有样本公司中的高管持股比例都处于较低的水平，这种现象与我国资本市场的相关监管规定是完全符合的。大股东持股比例（LARS）的最大值为0.7335，最小值为0.2188，并且均值为0.5178，可见所研究的样本公司中大股东的持股比例都处于一个较高的水平，这一特点又恰恰验证了我国上市公司股权高度集中的现状。

表2 描述统计

变量	N	均值	标准差	最大值	中位数	最小值
Q_t	1 108	0.3384	0.4734	1	0	0
Q_{t-1}	1 108	0.2879	0.4530	1	0	0
S_t	1 108	0.389	0.4877	1	0	0
LEV	1 108	0.5909	0.2162	0.9995	0.6189	0.1795
ROC	1 108	0.0847	0.2894	0.6930	0.0479	-0.2306
DIRS	1 108	0.0001	0.0002	0.0009	0	0
LARS	1 108	0.514	0.1697	0.7335	0.5178	0.2188
GCF	1 108	0.0458	0.2609	0.6846	0.0374	-0.2294
T	1 108	1.2735	2.9754	26	0	0
N	1 108	0.6209	1.8944	21	0	0
FN	1 108	0.6525	1.5234	13	0	0
OP	1 108	-0.1262	0.3399	0.4449	-0.0092	-1.1072

注：Q_t表示上市公司在第t年获得的审计意见类型，若公司在第t年获得的审计意见为非标准审计意见，则Q_t的取值为1，否则，Q_t的取值为0；Q_{t-1}表示上市公司在第t-1年获得的审计意见类型，若公司在第t-1年获得的审计意见为非标准审计意见，则Q_{t-1}的取值为1，否则，Q_{t-1}的取值为0；S_t表示上市公司在第t年的审计师变更情况，若公司在第t年变更审计师，则S_t的取值为1，否则，S_t的取值为0；LEV表示资产负债率，在数值上，LEV=年末负债总额/年末资产总额；ROC表示资本回报率，在数值上，ROC=息税前利润×100÷（负债总额-无形资产净额-递延所得税资产）；高管持股比例（DIRS）表示上市公司中高管的持股比例，在数值上，DIRS等于公司所有高管的持股比例之和；大股东持股比例（LARS）表示上市公司大股东的持股比例，在数值上，LARS等于公司中持股比例超过5%的所有股东的持股比例之和；毛利现金流量比率（GCF）也是一个表示上市公司经营业绩的变量，在数值上，GCF=息税前利润/（负债总额-无形资产净额）；变量T表示媒体对上市公司的报道总数；变量N表示媒体对上市公司的负面报道数；变量FN表示媒体对上市公司的非负面报道数；变量OP表示上市公司在变更审计师与不变更审计师两种情况下估计获得的审计意见的差异，在数值上，$OP=\hat{Q}_{it}^{q1*}-\hat{Q}_{it}^{q0*}$，为了说明问题的方便，在后续的分析论述中，本文均使用OP这一变量。

各研究变量之间的pearson相关系数和spearman相关系数见表3。由表3中所列示的数据可知，各变量之间的相关系数基本处于可接受的取值范围之内，且所有相关系数均与Lennox（2000）的研究中所列示的相关系数类似。因此，我们可以使用本文的样本数据对审计意见估计模型（模型1）和审计师变更模型（模型2）作进一步的回归分析。

表3 pearson（spearman）相关系数

变量	Q_t	Q_{t-1}	S_t	LEV	ROC	DIRS	LARS	GCF	T	N	FN	OP
Q_t		0.5815***	0.1687***	0.2183***	−0.1733***	0.1026***	0.022	−0.2116***	0.2011***	0.2145***	0.1190***	−0.1080***
Q_{t-1}	0.5815***		0.1509***	0.1593***	0.0111	0.1304***	0.0944**	−0.0249	0.3627***	0.3737***	0.2707***	−0.0810***
S_t	0.1687***	0.1509***		0.0363	0.003	0.0636**	0.0504*	−0.0343	0.1039***	0.0695**	0.0860***	−0.0861***
LEV	0.2081***	0.1491***	0.0358		−0.1067***	0.1831***	−0.0753**	−0.0830**	0.1042***	0.0849***	0.0795***	0.0339
ROC	−0.0535*	0.0870***	0.0567*	−0.0745**		0.0502*	0.2218***	0.7293***	0.0973***	0.04	0.1083***	0.0669**
DIRS	0.1459***	0.1870***	0.0436	0.1603***	0.1672***		−0.0171	0.0173	0.1040***	0.0811***	0.0858***	0.0544*
LARS	0.0134	0.0858***	0.0458	−0.0790***	0.3538***	0.1802***		0.0600**	0.0926***	0.0619**	0.0729**	−0.0962***
GCF	−0.1006***	0.0505*	0.0252	−0.0557*	0.6555***	0.1111***	0.2024***		0.0616**	0.0136	0.0738**	0.1113***
T	0.1215***	0.3048***	0.0312	0.0706**	0.1137***	0.0584*	0.0415	0.0796***		0.7921***	0.8817***	−0.0632**
N	0.1220***	0.2989***	0.0101	0.0637**	0.0691**	0.0596**	0.0239	0.048	0.8978***		0.5263***	−0.0609**
FN	0.0856***	0.2236***	0.0483	0.0587*	0.1362***	0.04	0.0515*	0.0958***	0.8367***	0.5099		−0.0356
OP	−0.1022***	−0.0939**	−0.0667**	−0.0056	−0.0508*	0.0014	−0.1553***	0.028	−0.0205	−0.0047	−0.0342	

注：表中的下三角区域列示变量之间的pearson相关系数，表中的上三角区域列示变量之间的spearman相关系数，表中各变量的定义同表2注；***：1%水平上显著；**：5%水平上显著；*：10%水平上显著。

五、检验结果

（一）审计意见购买行为

首先，我们根据审计意见估计模型（见模型1）估计出上市公司i在变更审计师与不变更审计师两种情况下获得的审计意见 $\hat{Q}_{it}^{q1*}$ 和 $\hat{Q}_{it}^{q0*}$，然后，我们使用两种不同情况下所估计的审计意见之差（$\hat{Q}_{it}^{q1*}-\hat{Q}_{it}^{q0*}$）作为新的解释变量，并将其加入审计师变更模型（见模型2）当中，以此来验证我国上市公司是否存在审计意见购买行为。

表4报告了审计师变更模型（模型2）的回归结果，其中，模型（2）的被解释变量是审计师变更情况（S_t）。表4中的回归结果表明，预计审计意见差异（OP）的估计系数显著为负，因此，我们认为，本文所研究的上市公司存在审计意见购买行为，即在我国财务状况较差的上市公司存在审计意见购买行为。

表4 模型（2）的回归结果

变量	预计符号	估计系数	卡方值
截距项		−0.8582	9.4913***
OP	−	−0.3614	3.8900**
LEV	+	0.3422	1.3618
ROC	−	0.3765	1.627
DIRS	+	250	0.7322
LARS	+	0.2136	0.2838
GCF	−	−0.1005	0.1038
R方		0.0134	
卡方值		11.1531*	
样本量		1 108	

注：被解释变量为公司在第t年的审计师变更情况（S_t）；***：1%水平上显著；**：5%水平上显著；*：10%水平上显著。

该结果既支持了已有的研究结论，同时也验证了Lennox（2000）的经典模型和研究结果在我国资本市场中的适用性。关于审计师变更模型中涉及的控制变量，由表4中列示的回归结果可知，资产负债率（LEV）、资本回报率（ROC）以及毛利现金流量比率（GCF）对被解释变量（S_t）的影响均不显著，这与Lennox（2000）在研究中的回归结果是一致的。不同的是，在Lennox（2000）的研究结果中，高管持股比例（DIRS）和大股东持股比例（LARS）对变更审计师（S_t）的影响是显著的，而在本文的回归结果中，DIRS和LARS这两个控制变量对被解释变量（S_t）并不存在显著的影响。这种差异可以由我国资本市场的特殊状况加以解释：由于我国上市公司的股权高度集中，大股东持股比例普遍较高，公司变更审计师的决策通常是由大股东单独做出，而小股东是难以干预决策结果的，所以大股东持股比例的高低不会显著影响审计师的变更情况。另外，由于我国缺乏完善的职业经理人制度，上市公司高管持股比例通常具有较大的随意性，普遍存在高管持股比例不规范的现象，所以高管持股比例与审计师的变更情况之间也难以呈现出显著的相关性。在本文的研究中，尽管部分控制变量的回归系数与已有的研究存在着一些差异，但最终的研究结论并未受到影响。表4中变量OP的系数显著为负，我们可以得出与已有研究相同的结论：财务状况较差的上市公司存在审计意见购买行为。

（二）媒体监督的抑制作用

为了验证理论假设1，我们在审计师变更模型（模型2）的基础上又加入了媒体监督的因素，构建了模型（3）。在模型（3）中，表示媒体监督的变量（C）有三个不同的细分衡量指标，即媒体报道总数（T）、媒体负面报道数（N）以及媒体非负面报道数（FN）。为了后续论述方便，这里将三个替代变量分别放入模型（3）中，依次构建模型（3a）、模型（3b）和模型（3c），并分别对样本数据进行回归分析。表5报告了模型（3）针对所有ST公司样本数据的回归结果，其中，被解释变量为上市公司的审计师变更情况（S_t）。表5中的回归结果表明，在包含三个不同替代变量的细分模型中，预计审计意见差异（OP）的估计系数均显著为负，说明ST公司存在审计意见购买行为，即财务状况较差的公司存在审计意见购买行为，这与已有研究的结论和前文回归的结果是一致的。另外，媒体监督的三个替代变量与预计审计意见差异（OP）的交互项（OP^*C）的估计系数均显著为正，表明媒体监督能够抑制上市公司的审计意见购买行为。根据表5中的数据可知，媒体非负面报道数（FN）与被解释变量（S_t）显著正相关，而媒体报道总数（T）与媒体负面报道数（N）对被解释变量（S_t）的影响均不显著，并且模型中涉及的各控制变量对被解释变量也并不存在显著的影响。产生这种回归结果的原因主要有两个方面：一方面是我国尚未建立完善的职业经理人制度；另一方面是我国的上市公司普遍存在股权过度集中的问题。因此，相关的控制变量与上市公司的审计师变更情况之间并不存在显著的相关性。

表5 模型（3）的回归结果

解释变量	预计符号	模型（3a）估计系数	卡方值	预计符号	模型（3b）估计系数	卡方值	预计符号	模型（3c）估计系数	卡方值
截距项		−0.9796	11.9526***		−0.8824	9.9445***		−1.0105	12.6704***
OP	−	−0.5835	8.7059***	−	−0.4679	5.9442**	−	−0.6223	9.7384***
OP*T	+	0.0214	4.6182**						
T	+	0.0178	0.6775						
OP*N				+	0.026	2.7123*			
N				+	0.0018	0.0028			
OP*FN							+	0.0556	5.3867**
FN							+	0.0685	2.7789*
LEV	+	0.442	2.2118	+	0.3687	1.5662	+	0.4581	2.3694
ROC	−	0.3956	1.7473	−	0.3882	1.7139	−	0.4256	1.9975
DIRS	+	190.4	0.4182	+	235.2	0.6433	+	181.3	0.3784
LARS	+	0.2738	0.46	+	0.2096	0.2723	+	0.2687	0.442
GCF	−	−0.1719	0.2995	−	−0.1187	0.1441	−	−0.2206	0.4882
R方		0.0285			0.0181			0.0341	
卡方值		18.9424**			14.7658*			17.7879**	
样本量		1108			1108			1108	

注：被解释变量为公司在第t年的审计师变更情况（S_t）；其中，OP*T表示变量OP与媒体总报道数（T）之间的交互项；***：1%水平上显著；**：5%水平上显著；*：10%水平上显著。

（三）公司盈亏状况对研究结果的影响

为了进一步探讨公司的盈利状况对研究结果的影响，本文以毛利现金流量比率（GCF）是否大于0为标准，将全部的研究样本又划分为两组细分样本——盈利类公司样本和亏损类公司样本。表6和表7分别报告了模型（3）对亏损类公司样本和盈利类公司样本的回归结果，其中，被解释变量均为审计师变更情况（S_t）。表6表明，媒体监督的三个替代变量与OP的交互项的系数均显著为正，说明媒体监督能够抑制亏损类公司的审计意见购买行为。表7表明，媒体监督的三个替代变量与OP的交互项的系数均不显著，我们无法得出媒体监督能够抑制盈利类公司审计意见购买行为的结论。综合分析表6、表7的回归结果，我们可以得出结论：相对于盈利类公司，媒体监督对亏损类公司审计意见购买行为的抑制作用更为显著。

上述结论是基于细分样本的研究方法得来的，为进一步验证该结论的可靠性，本文又建立了模型（4），即通过对审计意见（OP）、媒体监督（C）以及公司盈亏状况（SFG）的交互变量的回归分析再一次研究公司盈亏状况对媒体监督抑制作用的影响。这里将媒体监督的三个替代变量分别加入到模型（4）中，并建立起细分模型（4a）、模型（4b）以及模型（4c）。表8报告了模型（4）的三个细分模型的回归结果，结果表明，无论媒体监督（C）采用何种替代变量，审计意见（OP）与媒体监督（C）的交互变量的系数均显著为正，而审计意见（OP）、媒体监督（C）以及公司盈亏状况（SFG）的交互变量的系数均显著为负。

综合以上分析，本文所采用的研究模型及其回归结果验证了理论假设1、理论假设2，并得出研究结论：媒体监督能够抑制上市公司的审计意见购买行为；相对于盈利类公司，媒体监督对亏损类公司审计意见购买行为的抑制作用更为显著。

六、稳健性检验

为验证理论假设2，本文在研究中建立了模型（3），将媒体监督的因素加入进去，得出媒体监督能够抑制上市公司审计意见购买行为的结论。另外，本文还采用了媒体报道总数、媒体负面报道数和媒体非负面报道数三个变量来替代媒体监督因素，并得到了相同的结论。尽管如此，由于本文中三个变量的取值均为连续型变量，所以通过模型（3）得出的结论仍然存在一些争议。为了解决这种争议，本文又搜集了媒体监督变量的0-1型样本数据，构造了新的媒体监督变量C′，变量C′又包含了三个细分变量，即T′、N′和FN′。为了

表6 模型（3）的回归结果（GCF<0）

解释变量	预计符号	模型（3a）估计系数	卡方值	预计符号	模型（3b）估计系数	卡方值	预计符号	模型（3c）估计系数	卡方值
截距项		−0.8554	3.0125*		−0.6952	2.0609		−0.8454	2.9615*
OP	−	−0.1098	0.1385	−	−0.0246	0.0071	−	−0.0678	0.0548
OP*T	+	0.05	3.2427*						
T	+	0.0317	0.6283						
OP*N				+	0.1152	2.9668*			
N				+	0.01	0.0224			
OP*FN							+	0.0786	3.2157*
FN							+	0.1022	1.7929
LEV	+	−0.2365	0.2818	+	−0.377	0.7362	+	−0.2335	0.2748
ROC	−	0.0177	0.0023	−	0.0358	0.0095	−	0.0256	0.0048
DIRS	+	−248.4	0.2947	+	−185	0.1642	+	−251	0.3018
LARS	+	0.9587	2.2806	+	0.863	1.8712	+	0.9106	2.0603
GCF	−	−1.0387	0.6117	−	−1.0246	0.5953	−	−1.0484	0.6258
R方		0.0511			0.0393			0.051	
卡方值		11.0827			10.6457			10.8146	
样本量		462			462			462	

注：被解释变量为上市公司在第t年的审计师变更情况（S_t）；其中，解释变量OP*T表示变量OP与媒体报道总数（T）之间的交互项；***：1%水平上显著；**：5%水平上显著；*：10%水平上显著。

表7 模型（3）的回归结果（GCF>0）

解释变量	预计符号	模型（3a）估计系数	卡方值	预计符号	模型（3b）估计系数	卡方值	预计符号	模型（3c）估计系数	卡方值
截距项		-1.2159	10.7746***		-1.1908	10.3994***		-1.2322	11.041***
OP	-	-0.8518	8.4028***	-	-0.803	7.3332***	-	-0.8698	8.7608***
OP*T	+	0.005	0.9084						
T	+	-0.0086	0.09						
OP*N				+	0.007	0.2141			
N				+	-0.0238	0.2842			
OP*FN							+	0.011	0.4667
FN							+	0.0078	0.0208
LEV	+	1.4066	10.3322***	+	1.3997	10.4627***	+	1.3752	9.9579***
ROC	-	0.5927	0.9352	-	0.5181	0.7305	-	0.6271	1.0419
DIRS	+	118.5	0.0846	+	133.5	0.1079	+	116.6	0.0818
LARS	+	-1.003	2.8172*	+	-1.046	3.0999*	+	0.9522	2.5499
GCF	-	0.8542	1.5297	-	0.9469	1.9353	-	0.7789	1.2698
R方		0.0752			0.0729			0.0766	
卡方值		36.6286***			35.5127***			37.1660***	
样本量		646			646			646	

注：被解释变量为上市公司在第t年的审计师变更情况（S_t）；其中，解释变量OP*T表示变量OP与媒体总报道数（T）之间的交互项；***：1%水平上显著；**：5%水平上显著；*：10%水平上显著。

表8 模型（4）的回归结果

解释变量	预计符号	模型（4a）估计系数	卡方值	预计符号	模型（4b）估计系数	卡方值	预计符号	模型（4c）估计系数	卡方值
截距项		-0.6593	4.2316**		-0.5565	3.0747*		-0.6775	4.4618**
OP	-	-0.1715	0.3861	-	-0.0062	0.0005	-	-0.1867	0.4566
SFG	-	-0.511	7.0224***	-	-0.536	7.8802***	-	-0.4891	6.4631**
OP*SFG	-	-0.4504	1.0941	-	-0.691	2.817*	-	-0.5256	1.4842
OP*T	+	0.0336	5.405**						
T	+	0.0412	1.2286						
T*SFG	-	-0.0274	0.3144						
OP*T*SFG	-	-0.2506	5.1976**						
OP*N				+	0.0468	3.504*			
N				+	0.0262	0.1823			
N*SFG				-	-0.0161	0.0414			
OP*N*SFG				-	-0.3464	3.8301*			
OP*FN							+	0.0718	5.514**

续表

解释变量	预计符号	模型（4a）估计系数	卡方值	预计符号	模型（4b）估计系数	卡方值	预计符号	模型（4c）估计系数	卡方值
FN							+	0.1248	2.8956*
FN*SFG							−	−0.0971	1.0781
OP*FN*SFG							−	−0.3887	3.3235*
LEV	+	0.4997	2.7098*	+	0.4235	1.9961	+	0.5041	2.76*
ROC	−	0.4619	2.3651	−	0.4686	2.4881	−	0.4644	2.3609
DIRS	+	51.5367	0.0296	+	97.4174	0.1062	+	38.6257	0.0166
LARS	+	0.1398	0.1124	+	0.0988	0.0569	+	0.1218	0.0855
GCF	−	0.3791	0.8052	−	0.3739	0.8017	−	0.35	0.6803
R方		0.0496			0.0395			0.0523	
卡方值		34.1292***			31.6674***			33.7223***	
样本量		1 108			1 108			1 108	

注：被解释变量为上市公司在第t年的审计师变更情况（S_t）；其中，解释变量OP*T*SFG表示变量OP、T以及SFG之间的交互项；***：1%水平上显著；**：5%水平上显著；*：10%水平上显著。

验证在0-1型变量下前述研究结论是否成立，本文根据研究模型（3）建立了新的模型（3′），并将变量C′的三个细分变量T′、N′和FN′分别加入模型（3′）中，进一步建立起三个细分模型，即模型（3a′）、模型（3b′）和模型（3c′）。

$$S_{it}^{*}=\alpha_0+\alpha_1(\hat{Q}_{it}^{q1*}-\hat{Q}_{it}^{q0*})+\alpha_2(\hat{Q}_{it}^{q1*}-\hat{Q}_{it}^{q0*})\times C'_{it}+\alpha_3 C'_{it}+\alpha_4 X_{it}+\eta_{it}\ (3') \qquad 模型（3'）$$

T′表示媒体报道总数的0-1变量，若T＞0，则T′=1；否则，T′=0。N′表示媒体负面报道数的0-1变量，若N＞0，则N′=1；否则，N′=0。FN′表示媒体非负面报道数的0-1变量，若FN＞0，则FN′=1；否则，FN′=0。

表9报告了模型（3′）的三个细分模型的回归结果，结果表明，媒体报道总数（T′）与审计意见（OP）的交互项OP*T′的系数、媒体负面报道数（N′）与审计意见（OP）的交互项OP*N′的系数均显著为正。由此可以得出结论，媒体监督对上市公司审计意见购买行为具有显著的抑制作用。另外，尽管媒体非负面报道数（FN′）与审计意见（OP）的交互项OP*FN′的系数并不显著，但借鉴国外部分经典文献（Lim C.Y.& Tan H.T.，2008）的推理，本文的研究结论依然成立。

七、研究结论及建议

（一）研究结论及意义

审计意见是注册会计师对上市公司会计信息客观性的评价和可靠性的保证，不仅影响会计报告使用者的经济决策，而且与上市公司管理者等多方参与者的利益息息相关。随着市场竞争的日益激烈和外部监管的日趋严格，许多上市公司开始通过审计意见购买行为寻求更为有利的审计意见。近年来，关于审计意见购买行为的研究逐渐成为学术界和实务界共同关注的焦点，其中大多数研究主要集中在审计师变更与审计意见购买行为之间的关系上，而关于如何抑制上市公司审计意见购买行为的研究还不是很多，尽管有少数学者进行过相关的研究，也只是集中于外部法律监管或内部公司治理两个方面。媒体监督作为一种独立的外部约束机制，其强大的公司治理效应越来越受到各个领域的广泛关注，但是关于媒体监督对上市公司审计意见购买行为的抑制作用还没有引起更多学者的注意。关于媒体监督的研究，目前主要集中在媒体监督对公司治理和投资者决策的影响这两方面，而很少有学者研究媒体监督与审计问题之间的关系。因此，研究媒体监督对上市公司审计意见购买行为的影响就显得更有意义。

表9 模型（3′）的回归结果

解释变量	预计符号	模型（3a′）估计系数	卡方值	预计符号	模型（3b′）估计系数	卡方值	预计符号	模型（3c′）估计系数	卡方值
截距项		−0.9863	12.2318***		−0.9126	10.6218***		−0.9498	11.3872***
OP	−	−0.8231	10.6964**	−	−0.5598	6.2130**	−	−0.5373	5.4583**
OP*T′	+	1.1287	9.2520**						
T′	+	0.6137	16.9800***						
OP*N′				+	0.6946	3.1804*			
N				+	0.3958	5.4437**			
OP*FN′							+	0.5673	2.2867
FN′							+	0.485	9.5292***
LEV	+	0.2584	0.7676	+	0.292	0.9874	+	0.3042	1.0703
ROC	−	0.2095	0.495	−	0.2987	1.0125	−	0.3089	1.1004
DIRS	+	166.7	0.3158	+	174.6	0.3492	+	200.2	0.4627
LARS	+	0.2352	0.3406	+	0.2474	0.3793	+	0.2297	0.327
GCF	−	−0.168	0.2889	−	−0.1053	0.114	−	−0.1611	0.2682
R方		0.0367			0.021			0.025	
卡方值		30.5017***			17.4193**			20.7717***	
样本量		1108			1108			1108	

注：被解释变量为上市公司在第t年的审计师变更情况（S_t）；其中，解释变量OP*T′表示变量OP与媒体总报道数（T′）之间的交互项；***：1%水平上显著；**：5%水平上显著；*：10%水平上显著。

本文严格借鉴Lennox（2000）的研究设计，采用审计意见估计模型和审计师变更模型，对2000—2011年我国A股市场中ST公司的样本数据进行了实证分析。研究表明：媒体监督能够抑制上市公司的审计意见购买行为；相对于盈利类公司，媒体监督对亏损类公司审计意见购买行为的抑制作用更加显著。本文在研究中加入媒体监督这一影响因素，不仅丰富了审计意见购买行为和媒体监督两大研究领域的内容，而且为实务界重视媒体监督的外部约束作用和公司治理效应提供了更为有力的支持。根据研究结论，我们在监管实务中，不仅要加强对财务状况较差的公司的监管，而且要特别重视对亏损类公司的监督和管理，尤其要注重媒体监督对亏损类公司的外部约束作用。我们可以通过提升媒体客观性、增强上市公司透明度等手段来有效遏制审计意见购买行为，从而提高审计意见的可靠性和财务信息的可信度。

（二）研究不足及建议

关于媒体监督与上市公司审计意见购买行为的关系仍需要进一步的研究。首先，本文在搜集媒体监督的数据时，借鉴了Fang & Peress（2009）、李培功和沈艺峰（2010）、戴亦一等（2011）的做法，从中国重要报纸全文数据库（CNKI）中选择8份最具影响力的全国性财经报纸作为媒体报道的来源，并根据报道的题目和相关用词来判断媒体报道的性质（负面报道、非负面报道等类型）。这种做法虽然得到了很多学者的认同和采纳，但是其固有的片面性和主观性仍然会对研究结论产生影响。因此，我们在今后的研究中，一方面可以增加选择报纸的份数，另一方面可以探究一些可量化的判断标准或者采用通读报道全文的做法对报道的性质加以判断。其次，由于本文对媒体报道性质的分类过于主观，并没有对“非负面报道”的细分类别“正面报道”和“中立报道”进行专门的分析，这一点在今后的研究中应当加以考虑。最后，本文虽严格借鉴了Lennox（2000）的两大经典审计模型，但是，由于目前我国尚不存在健全的上市公司破产制度，本文在研究中并没有考虑公司破产（FAILS）的因素。为了保持经典模型的完整性，在研究中是否可以寻找一些类似的影响因素（比如退市预警*ST、特别处理ST等）加以替代，仍然值得我们做进一步的思考。

参考文献

[1] 戴亦一，潘越，刘思超. 媒体监督、政府干预与公司治理：来自中国上市公司财务重述视角的证据［J］. 世界经济，2011（11）：121-144.

［2］耿建新，杨鹤．我国上市公司变更会计师事务所情况的分析［J］．会计研究，2001（4）：57-62.

［3］贺建刚，魏明海，刘峰．利益输送、媒体监督与公司治理：五粮液案例研究［J］．管理世界，2008（10）：141-150.

［4］李培功，醋卫华．媒体发挥监督作用了吗？［D］．厦门：厦门大学，2011.

［5］李培功，沈艺峰．媒体的公司治理作用：中国的经验证据［J］．经济研究，2010（4）：14-27.

［6］李爽．审计师变更研究：中国证券市场的初步证据［M］．北京：中国财政经济出版社，2002.

［7］陆正飞，童盼．审计意见、审计师变更与监管政策——一项以14号规则为例的经验研究［J］．审计研究，2003（3）：30-35.

［8］王春飞．扭亏、审计师变更与审计意见购买［J］．审计与经济研究，2006（5）：31-35.

［9］吴联生．国有股权、税收优惠与公司税负［J］．经济研究，2009（10）：109-120.

［10］吴联生．审计意见购买：行为特征与监管策略［J］．经济研究，2005（7）：66-76.

［11］吴联生，谭力．审计师变更决策与审计意见改善［J］．审计研究，2005（2）：34-40.

［12］张雅慧，万迪昉，付雷鸣．股票收益的媒体效应：风险补偿还是过度关注弱势［J］．金融研究，2011（8）：143-156.

［13］BRAD M.BARBER，TERRANCE ODEAN.All That Glitters：The Effect of Attention and News on the Buying Behavior of Individual and Institutional Investors［J］．The Review of Financial Studies，2008，21（2）：785-818.

［14］CHARLES J.P.CHEN，XIJIA SU，XI WU.Forced Audit Firm Change，Continued Partner Client Relationship，and Financial Reporting Quality［J］．A Journal of Practice & Theory，2009，28（2）：227-246.

［15］CHEE-YEOW LIM，HUN-TONG TAN.Non-audit Service Fees and Audit Quality：The Impact of Auditor Specialization［J］．Journal of Accounting Research，2008，46（1）：199-246.

［16］A DYCK，L ZINGALES.The Media and Asset Prices［DB/OL］．［2003-08-01］．https：//www.researchgate.net/publication/209409771_The_Media_and_Asset_Prices.

［17］DYCK A，ZINGALES L.Private Benefits of Control：An International Comparison［J］．The Journal of Finance，2004，59（2）：537-600.

［18］ALEXANDER DYCK，NATALYA VOLCHKOVA，LUIGI ZINGALES.The Corporate Governance Role of the Media：Evidence from Russia［J］．The Journal of Finance，2008，63（3）：1093-1135.

［19］LILY FANG，JOEL PERESS.Media Coverage and the Cross-section of Stock Returns［J］．The Journal of Finance，2009，64（5）：2023-2052.

［20］GUR HUBERMAN，TOMER REGEV.Contagious Speculation and A Cure for Cancer：A Nonevent that Made Stock Prices Soar［J］．The Journal of Finance，2001，56（1）：387-396.

［21］INDER K.KHURANA，K.K.RAMAN.Litigation Risk and the Financial Reporting Credibility of Big 4 versus Non-Big 4 Audits：Evidence from Anglo-American Countries［J］．The Accounting Review, 2004, 79 (2): 473-495.

[22] JENNIFER R.JOE, HENOCK LOUIS, DAHLIA ROBINSON.Managers' and Investors' Responses to Media Exposure of Board Ineffectiveness [J]. Journal of Financial and Quantitative Analysis, 2009, 44 (3): 579-605.

[23] KRISHNAN J.Auditor Switching and Conservatism [J]. The Accounting Review, 1994, 69 (1): 200-215.

[24] KRISHNAN J., STEPHENS R.G.Evidence on opinion Shopping from Audit Opinion Conservatism [J]. Journal of Accounting and Public Policy, 1995, 14 (3): 179-201.

[25] LENNOX C.Do Companies Successfully Engage in Opinion-shopping? Evidence from the UK [J]. Journal of Accounting and Economics, 2000, 29 (3): 321-337.

[26] LENNOX C.Audit Quality and Executive Officers' Affiliations with CPA Firms [J]. Journal of Accounting and Economics, 2005, 39 (2): 201-231.

[27] GREGORY S.MILLER.The Press as a Watchdog for Accounting Fraud [J]. Journal of Accounting Research, 2006, 44 (5): 1001-1033.

[28] TERRANCE ODEAN. Do Investors Trade too Much [J]. American Economic Review, 1999, 89 (5): 1279-1298.

[29] BANG DANG NGUYEN.Is More News Good News? Media Coverage of CEOs, Firm Value, and Rent Extraction [J]. Quarterly Journal of Finance, 2015, 5 (4): 1-38.

The Impact of Media Supervision on Audit Opinion Shopping Behavior

Abstract With the increasing popularity of auditor opinion shopping behavior of listed companies, the importance of restraining this behavior is increasingly prominent. This paper selects ST company as a research sample, and uses Lennox's (2000) audit opinion estimation model and auditor change model in the research to verify the applicability of foreign classic models in China's capital market, and demonstrates the impacts of media supervision on listed companies in China. The impact of the auditor opinion shopping behavior, the verification of the audit opinion of the profitable companies and the loss-making companies were verified by the media supervision. The conclusions of the study indicate that media supervision can restrain the audit opinion purchase behavior of listed companies.Compared with the profit-oriented companies, the media supervision has more significant inhibition on the shopping behavior of auditing opinions of loss-making companies. The influencing factors of media supervision for the first time in this study not only enriched the content of audit opinion purchase and media supervision, but also provided strong theoretical support for the practical community to attach importance to the external constraints and corporate governance effects of media supervision.

Key Words Audit Opinion Shopping; Switching of Auditors; Media Supervision

第9辑，2019年
No.9，2019
会计与控制评论
Review of Accounting and Control

2018年中报减值处理特征及其建议
——基于A股2017—2018年的中报、年报数据挖掘①

秦志敏[1]　孙晓萌[2]

（1.东北财经大学会计学院/中国内部控制研究中心　大连　116025）
（2.东北财经大学国际商学院　大连　116025）

摘　要　财政部于2011年发布《企业会计准则——中期财务报告》，要求上市公司就其相关会计期间的报表等内容进行披露。与年报相比，中报的编制期间短、监管力度弱，而资产减值损失作为一个需要大量主观估计的科目，在中报的信息披露质量更是有待检验。本文通过对2017—2018年中报及2017年年报资产减值损失项目的数据挖掘，发现上市公司普遍存在利用中报进行阶段性盈余管理的行为；通过分析中报的减值处理特征及中报与年报减值处理差异背后的可能成因，对未来的监管提出了具有参考意义的对策建议。

关键词　中期财务报告　资产减值　阶段性盈余管理　监管

①　部省共建项目：2018年上市公司财务报告分析（12118004）。

一、引言

中期是指短于一个会计年度的报告期间，而中期财务报告就是以中期为基础编制的。虽然月报、季报也属于短于一个会计年度的财务报告，但其理论依据、计量方法以及强制披露内容与本文探讨的内容不符，故本文中的中期财务报告特指半年度财务报告。

在我国，中期财务报告的强制披露内容主要包括财务报表、公司经营状况以及各种重大事项等。《企业会计准则——中期财务报告》（以下简称《准则》）规定，上市公司要在中期财务报告的资产负债表与利润表中，强制披露本公司中期的资产减值损失状况，具体包括减值损失明细、金额等内容。资产减值损失是上市公司按照会计稳健性原则，为避免因资产的账面价值高于其可收回金额导致会计错配，为企业留下阶段性盈余管理的空间，而对减值资产确认相关损失。资产减值损失分为可转回资产减值损失与不可转回资产减值损失两类，可转回的减值损失主要包括坏账损失、存货跌价损失等，不可转回的资产减值损失主要包括固定资产、无形资产、商誉等非流动资产的减值损失。

二、文献综述

目前，国内外学者对于中期财务报告的研究大多集中在会计披露完整性方面。在与相关国际准则的对比过程中，刘笑霞（2004）认为，当前中期财务报告的信息披露存在“信息过载”的现象，并建议中期财务报告在相关性与可靠性间寻求一个更恰当的平衡。而崔再慧与田世忠（2002）却坚持要保证中期财务报告内容的完整性，他们认为这对于避免阶段性盈余管理、维护投资者合法权益具有重要作用。

关于中报减值处理对信息披露质量的影响，杨蓉（2002）提出，在中期某项资产的减值被认为是暂时的，其有望在年末予以转回，在该种情况下，依据我国《准则》规定，仍应计提相应的减值损失。目前，对于中报减值处理特征的研究，大部分只停留在对《准则》合理性的研究上，并未将其与年报减值处理特征进行对比分析。

三、2018年中期上市公司资产减值总体情况①

截至2018年8月31日，A股上市公司在剔除金融保险业与ST公司后，共有2 867家，其中有2 807家上市公司计提了资产减值损失，总金额达到了614.31亿元，较去年同期下降9.38%，具体见表1。从表1构成项目上来看，2018年资产减值损失计提主要集中于坏账损失与存货跌价损失，在2018年中期，二者的发生额分别为303.02亿元与171.95亿元，与2016年、2017年同期水平相比波动不大。

表1 2016—2018年中期A股上市公司资产减值损失计提总体情况 金额单位：亿元

项目	2016年中期		2017年中期		2018年中期	
	金额	占总减值损失比	金额	占总减值损失比	金额	占总减值损失比
坏账损失	320.06	53.97%	389.50	57.45%	303.02	49.33%
存货跌价准备	104.65	17.65%	169.88	25.06%	171.95	27.99%
商誉减值损失	1.24	0.21%	1.76	36.43%	49.25	8.02%
其他资产减值损失	167.04	28.17%	116.79	0.26%	90.09	14.67%
合计	592.99	100%	677.93	100%	614.31	100%

坏账损失行业分布情况，如图1所示。坏账损失占总资产减值损失比例较高的几个行业分别为房地产业、建筑业以及交通运输、仓储业。资产减值损失金额分布情况见表2。由表2可知，-0.5～5亿元是大部分上市公司资产减值损失的计提区间，在2018年中期，共有2 769家上市公司分布在这一区间，占样本总数的98%以上。

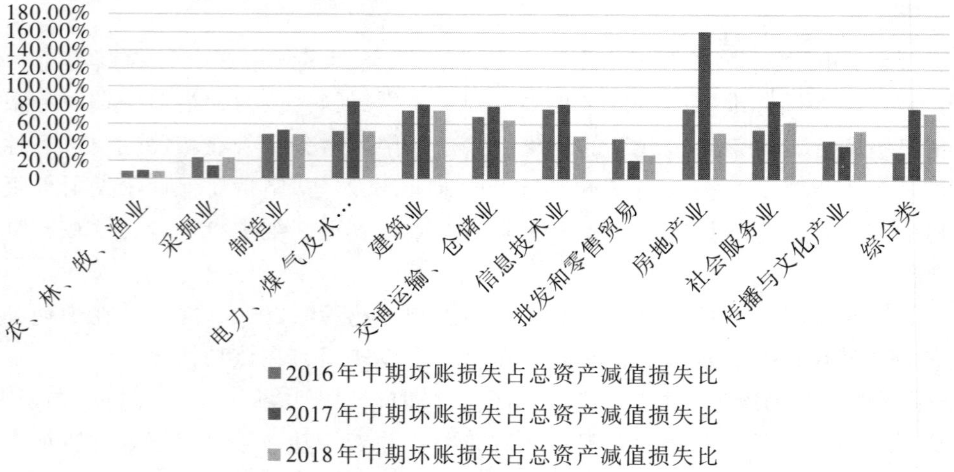

图1 坏账损失行业分布情况

① 相关数据摘自于Wind数据库，上市公司数量为截止到2016年12月31日前在深交所与上交所上市的公司数量。

表2 2016—2018年中期A股上市公司资产减值损失金额分布情况

计提区间	2016年中期（家数）	2017年中期（家数）	2018年中期（家数）
30以上	2	3	1
10～30	8	101	5
5～10	6	86	12
1～5	75	572	104
0.05～1	1 029	376	1 165
0～0.05	1 086	1 030	940
−0.5～0	560	619	560
−1～−0.5	5	12	11
−1.5～−1	2	0	8
−1.5以下	4	3	1
合计	2 777	2 802	2 807

四、中报与年报资产减值损失特点分析

（一）中报可转回资产减值损失远高于不可转回资产减值损失

根据表3、表4可知，2018年中期可转回项目与不可转回项目资产减值损失分别为474.97亿元和139.34亿元，2017年中期可转回项目资产减值损失也达到了其全年资产减值损失的80%以上。但在2017年年报中，可转回项目减值损失的计提与不可转回项目减值损失的计提相差不大，这说明中报的资产减值损失大部分来自于可转回项目的减值损失，比例约达到了80%。从2017年全年来看，大部分不可转回项目资产减值损失的计提是在下半年发生的，金额为1 288.54亿元，达到了2017年全年不可转回项目资产减值损失计提总额的91.57%。

表3 中报、年报不可转回资产减值损失计提情况 金额单位：亿元

板块	2017年	2017年中期	2017下半年	2018年中期
商誉减值损失	316.83	1.76	315.07	49.25
商誉减值损失/不可转回资产减值损失	22.52%	1.51%	24.45%	35.35%
其他不可转回资产减值损失	1 090.26	116.79	973.47	90.09
合计	1 407.09	118.55	1 288.54	139.34

表4 中报、年报资产减值损失分布情况 金额单位：亿元

板块	2017年		2017年中期		2017下半年		2018年中期	
	金额	占比	金额	占比	金额	占比	金额	占比
可转回资产减值损失	1 890.38	57.33%	559.38	82.51%	1 331	50.81%	474.97	77.32%
不可转回资产减值损失	1 407.09	42.67%	118.55	17.49%	1 288.54	49.19%	139.34	22.68%
合计	3 297.47	100%	677.93	100%	2 619.54	100%	614.31	100%

（二）中报资产减值损失转回力度远高于年报水平

中报、年报资产减值损失转回情况见表5。从资产减值损失的转回金额来看，2016年中期、2017年中期与2018年中期资产减值损失的转回金额分别为40.71亿元、49.81亿元与48.81亿元，都达到了2017年全年转回金额的1.3倍以上；从发生资产减值损失转回的公司数量上来看，2016年中期、2017年中期与2018年中期分别有569家、633家、577家，而2017年年报中仅有227家。由以上数据可知，无论是从资产减值损失的转回金额，还是从当期发生资产减值损失转回的公司数量上来看，中报资产减值损失转回的力度都远高于年报水平。

表5 中报、年报资产减值损失转回情况 金额单位：亿元

板块	2016年中期		2017年中期		2018年中期	
	金额	占2017年全年	金额	占2017年全年	金额	占2017年全年
资产减值损失转回合计	40.71	133.87%	48.81	160.51%	49.81	163.79%
资产减值损失转回家数	569	250.66%	633	278.85%	577	254.19%

（三）中报资产减值损失计提力度远低于年报水平

可转回项目资产减值损失在中报与年报间的巨大差异，促使我们对其构成项目做出进一步的研究。抽取可转回资产减值损失中的重要构成项目——存货跌价损失与坏账损失，将其转回金额与计提金额进行比较，结果见表6。我们可以发现，在2017年中期和2018年中期，存货跌价损失与坏账损失的转回额与计提额之比都要高于2017年年报水平。

表6　中报、年报坏账损失转回、存货跌价损失转回情况　金额单位：亿元

板块	2017年	2017年中期	2018年中期
存货跌价损失转回数	25.19	16.91	8.19
存货跌价损失计提数	658.23	186.79	180.14
存货跌价损失转回数/存货跌价损失计提数	3.83%	9.05%	4.55%
坏账损失转回数	44.49	49.81	54.23
坏账损失计提数	1 301.83	439.31	357.25
坏账损失转回数/坏账损失计提数	3.42%	11.34%	15.18%

五、中报与年报资产减值损失显著差异的可能性分析

（一）中期财务报告的信息自愿审计制度

我国《会计准则》规定，上市公司对外公布的年度财务报告必须经过审计，而中期财务报告除了特殊情形以外，只要标明“未经审计”的字样，不必通过专业人员的审计。这种非强制审计制度，使得上市公司对中报的减值处理更加随意。从资产减值损失计提的数额上来看（见表7），2017年中报减值损失平均只达到了同年年报水平的20%左右。中报与年报相比，其减值损失更少，减值转回更多，这一问题是否与自愿审计制度有关值得我们深思。

表7　资产减值损失情况　金额单位：亿元

板块	2017年中期		2017年下半年		2018年中期	
	金额	与2017年比	金额	与2017年比	金额	与2017年比
资产减值损失	677.93	20.56%	2 619.54	79.44%	614.31	18.63%
资产减值损失计提家数	2 801	97.93%	2 860	100%	2 807	98.15%
资产减值损失未计提家数	66	942.86%	7	100%	60	857.14%
样本总数	2 867	100%	2 867	100%	2 867	100%

（二）中期财务报告的利润调节需求

中报、年报营业利润情况见表8。由表8可知，上市公司近三年中期未扣除减值损失的营业利润普遍都未达到其同年下半年的水平，但在扣除资产减值损失后，中期的营业利润获得了提升，甚至超过了同年下半年水平。例如，在2017年，上市公司中期的营业利润在未扣除减值损失前，只达到了其同年下半年水平的71.89%，而在扣除减值损失后，中期的营业利润获得了可观的提升，达到了同年下半年水平的81.27%。

表8 **中报、年报营业利润情况** 金额单位：亿元

板块	2015年中期	2015年下半年	2015年中期/2015年下半年	2016年中期	2016年下半年	2016年中期/2016年下半年	2017年中期	2017年下半年	2017年中期/2017年下半年	2018年中期
营业利润+资产减值损失	7 501.36	7 580.45	98.96%	8 149.08	10 686.62	76.25%	11 118.80	15 466.10	71.89%	14 233.74
资产减值损失	480.83	2 056.57	23.38%	592.99	1 855.23	31.96%	677.93	2 619.54	25.88%	614.31
营业利润	7 020.53	5 523.88	127.09%	7 556.09	8 831.39	85.56%	10 440.87	12 846.56	81.27%	13 619.43

（三）中报审计风险控制意识弱

中期财务报告编制期间短，需要进行主观估计和判断的项目更多，所以其编制的随意性更强。另外，中报的自愿审计制度使得企业的审计部门可以对中报进行非自愿性披露，那么对于中报大量规律性的减值转回与少量的减值计提，审计机构是如何发布无保留意见的审计报告的？上市公司普遍在下半年计提减值损失，然后在下一年中报转回的原因究竟是什么？对于中报大量的减值转回，审计机构没有意识到阶段性盈余管理的风险存在吗？对于大量减值损失在下半年计提，审计机构没有意识到此类财务风险的存在吗？究其原因，还是中报的审计风险控制意识太弱。

六、中报与年报减值差异成因的对策建议

A股上市公司的中报资产减值损失远低于年报水平，但其减值损失转回金额远高于年报水平。针对这一现象，本文提出以下监管建议。

（一）加强对中报资产减值损失信息披露的审查力度

中报资产减值损失的处理之所以较年报随意性更强，很大程度上是由中报的

自愿审计制度造成的。时杰（2003）认为，目前我国的资本市场制衡机制尚不健全，法律监管机制也尚存漏洞，中报的自愿审计制度有可能给部分公司带来业绩操纵的空间，使其在利益驱动下与投机者相勾结，操纵股价。徐焱军（2010）指出，中期审计一般不会导致半年报延迟披露。因此，我国应鼓励上市公司对中报进行审计，也可以参照完善资本市场的经验，对未经审计的中期财务报告进行复核。

（二）重点关注中期与下半年利润差距较大的公司

A股上市公司中期未扣除资产减值损失的营业利润相较于同年下半年水平普遍偏低，而在扣除了资产减值损失后，中期的营业利润普遍获得提升，与同年下半年营业利润间的差距显著缩小。这一现象是否存在盈余管理的动机？对此，有关机构应当重点关注中期与下半年利润水平差距较大的上市公司，提前预判其减值处理可能产生的影响，并主动问询，要求上市公司对减值迹象确定依据，对减值计提、转回金额进行详细说明。

（三）完善中期财务报告资产减值会计规范体系

针对固定资产等长期资产，相关会计准则规定“至少应当于每年年末进行相关资产的减值测试”，这是否是导致这类不可转回的减值损失集中在下半年予以计提的原因？而这类不可转回的减值损失金额往往较大，对利润的影响也较大，只在年末进行处理会降低中期财务报告的可靠性。我们知道，大量的中期资产减值转回会导致阶段性盈余管理，那么当前的中报减值会计规范体系是否存在进一步完善的空间？是否有必要在中期末进行强制减值测试，或是对中期减值转回金额限制一定的比例？对中报资产减值会计规范体系的执行与监管是否有进一步强化的必要？

参考文献

［1］崔再惠，田世忠．中期财务报告准则的国际比较［J］．财经问题研究，2002（10）：81-83.

［2］刘笑霞．我国中期财务报告规范与国际会计准则的比较分析［J］．贵州财经学院学报，2004（6）：40-43.

［3］时杰．中期财务报告信息披露若干问题探讨［J］．经济管理，2003（20）：66-69.

［4］徐焱军．中期审计会影响会计信息披露及时性吗——来自中国上市公司的经验证据［J］．经济问题，2010（4）：113-117.

[5] 杨蓉. 论中期财务报告会计处理的特殊性 [J]. 审计与经济研究, 2002 (6): 48-51, 65.

Characteristics and Suggestions of Impairment Processing in the 2018 Interim Report

——Based on the A-share Interim Report of 2017—2018 and Data Mining of Annual Report

Abstract In 2011, the Ministry of Finance issued the "Accounting Standards for Business Enterprises-Interim Financial Report", requiring listed companies to disclose the statements of their relevant accounting periods, etc.In comparison with the annual report, the preparation period of the interim report is short and the supervision is weak. However, asset impairment losses are a subject that requires a large amount of subjective estimation, and the quality of information disclosure in the interim report is yet to be tested. Through the data mining of the 2017, 2018 interim report and impairment loss items of 2017 annual report asset, this paper concludes that the listed companies generally use the interim report to conduct staged earnings management, analyze the characteristics of the interim report's impairment treatment and try to analyze it.The possible causes behind the difference in the handling of the impairment of the interim report and the annual report, and finally the cause of this, proposed countermeasures that may have reference significance for future supervision.

Key Words interim financial report; impairment of assets; phased earnings management; supervision

第9辑，2019年
No.9, 2019
会计与控制评论
Review of Accounting and Control

创业板上市公司股权结构与成长性关系的实证研究

王棣华[1]　贺　妙[2]

（1.东北财经大学会计学院\中国内部控制研究中心　大连　116025）
（2.中国船舶重工集团公司第七六〇研究所　大连　116013）

摘　要　创业板市场上市公司的股权结构与公司成长性之间的关系密不可分，十分关键。本文通过对创业板上市公司的股权结构（包括股权属性、股权偏离等）与公司成长性的关联性进行实证研究，得出以下结论：公司高管的股权占比对公司成长性具有正面影响；流通股比例与公司成长性负相关，且显著；股权集中度与公司成长性呈U形关系；股权制衡度与公司成长性正相关，且显著；股权偏离度与公司成长性负相关，且显著。

关键词　股权结构　公司成长性　创业板上市公司

一、引言

与传统证券市场相比，创业板市场拥有更加明确的目标及功能。创业板市场是重点针对那些拥有自主知识产权、具有创新和各类技术优势且潜能巨大的公司打造的平台，在对上市公司进行甄选时，通常倾向于那些发展空间大、技术优势突出、拥有新运营方式、新材料等特征的公司，对公司的高成长性极为看重。

受我国传统文化、社会基础以及当前发展状况的影响，创业板上市公司多采用家族式管理，家族内部成员几乎对公司享有绝对控制权，持股占比也非常高，他们在公司的决策和管理中占有重要地位并具有直接权力。

Demsetz（2001）发现，企业业绩和企业管理人员的持股占比之间呈正比例关系。王俊峰等（2005）发现，上市公司控股股东的持股占比和公司成长性间呈负相关关系。陈晓红等（2007）发现，企业管理者的持股占比越高，对企业自身成长能力的促进作用就越明显。李莹等（2007）发现，上市公司的股权集中度，尤其是前10大股东的持股占比和公司成长性间呈正相关关系。冯根福等（2009）发现，股权集中度和公司成长性之间呈负相关关系。刘新绍、张晓玲（2010）发现，股权集中度及制衡度和公司成长性间呈正相关关系。Drakos（2010）等发现，内部人即企业的实际经营者对股份进行控制与企业效益之间呈正比例关系，但外部人持股对企业效益没有明确影响。段伟宇等（2010）发现，非国有性质公司的成长能力要明显超过国有性质企业。

公司治理结构问题的核心在于保证公司决策的科学性和提高公司的绩效，使企业持续稳定地成长。作为公司治理结构的前提和基石，股权结构对公司治理结构的表现形式、股东权力的行使方式等能够产生显著影响，只有股权结构足够合理，公司才能够实现健康发展。笔者认为可以从理论和实际两个层面来研究股权结构。

从理论层面来看，应该依照股权结构来分配公司的剩余控制权及索取权。学术界普遍认为，即便公司所有者持有再多的股份，也不能说明其对公司具备控制力，只能说明他可以向公司索取多少剩余价值。我们可以将股权结构细分成两大类：①控制权可竞争型。当股东可以争夺公司的控制权时，公司所有者通常会采用抛售自身所持股票的方式，来考虑是否需要掌握公司的控制权。这时公司所有者所持股票的占比能够在很大程度上决定其控制公司的能力。②控制权不可竞争型。在这种情况下，公司被个别股东控制，公司所有者所持股票数量的多少不能说明其控制能力，其他股东也无法凭借抛售股票的方式来掌控公司。此时，公司无法开展日常监督工作，其他股东也无法对公司的实际控制者施加压力，如此一来，实际控制者就会滋生以非法手段为自己牟取私利的心理。

从实际层面来看，股权结构指的是不同性质或种类的股份在公司总股本中所占的比重，它涵盖了三方面内容：①股权集中度，指的是公司股东持股状况的集中程度，通常用控股股东持股占比来表示，有时也用前三或前五大股东持股占比总和来表示；②股权制衡度，指的是公司各大股东对控股股东的制衡程度；③股权属性，指的是公司各个股东的身份属性，即是内部股东还是外部股东。前者主要指公司的管理者和员工等，后者主要指公司的法人、自然人等。股权属性不同的股东，其监督公司的能力也不尽相同。

所谓股权结构属性，指的是不同身份或背景的股东所持有的股份状况，包括国家股、流通股、非流通股、高管持股等若干形式。我国创业板上市公司一般均是由实力不强的民营企业演变而来，主要集中在高科技领域。此类公司的大股东通常就是内部管理者，其股权结构属性以高管持股、流通股为主。因此，本文会着重探究高管持股比例、流通股比例与公司成长性间的关系。

家族企业的确认标准是最终控制人能够归属为一个自然人或家族的企业（马忠和吴翔宇，2007；Claessens，2008；吕长江和许静静，2011），至少要满足下列条件之一：①最终控制人的持股占比不得低于20%；②最终控制人的持股占比在10%以上，但是由家族中的重要成员来担任本公司的高管一职；③最终控制人的持股占比在10%以上，但家族或自然人是本公司的控股股东，而其他股东的持股占比都未超过10%。

我国创业板上市公司的股权结构、经营理念、企业文化等均展现出鲜明的家族式特征，大多通过金字塔结构持有公司股权，普遍呈现出终极控股股东控制权与现金流权相偏离的特点，因此，在对股权结构进行划分时，应将终极控制人的股权偏离度考虑进去。

二、理论分析与研究假设

（一）股权结构属性与公司成长性

1.高管持股比例与公司成长性

根据委托代理理念，股东是公司的所有者，属于委托方，公司的运营管理人员则是代理方。两者间存在目标函数并不全部一致、公司运营情况和资本运作信息不对称、所担负的权责义务不一致等问题。

首先，由于公司管理人员比公司所有人掌握更多的日常运营管理信息，所有人把一定比重的股权给予管理人，能够使管理人在获得自身应得酬劳的基础上，还可以得到公司的盈余索取权。1976年Meckling与Jensen提出的利益趋同假说，指出管理人所持股份比例的上升，不会造成拥有公司盈余索取权的管理人侵犯股东权利，反而会使其为增加自身收益更加卖力工作。管理人与股东间的权益矛盾变弱，双方的权益趋于相同。所以，公司高级管理人员持有股份的比重上升，将降低管理层的逆向选择及道德风险情况出现的几率，从而使代理费用大大减少，企业资源分配也更有成效，对企业发展带来积极的正面作用。其次，高管持有股份作为某种激励方式与办法，在制度上建立了管理层收益同公司发展的极大相关性，能够消除管理层的短期盲目措施，使其更为重视公司的长久发展。最后，拥有公司盈余索取权的公司高管会为提升自身报酬而为公司带来更好的成绩，敢于肩负更高的投资风险，尽力抢抓投资机遇，推动公司发展壮大。

根据前文的概念和理论分析，创业板上市公司绝大多数为家族企业，公司的管理者多数由家族成员担任，高管与企业整体利益一致，家族上市公司股东与高管之间的代理问题并不严重。高管与企业股东的利益紧密地联系在一起，他们会极力增加公司的业绩，改进公司运营管理，增加股票价值，推动公司发展壮大。因此，本文提出假设1a：

H1a：高管持股比例与公司成长性呈正比。

2.流通股比例与公司成长性

公司治理理论认为，利用股票市场的价格信号与接管控制机制，能促使股票实现更为全面的流通，更能充分转嫁投资风险，进而有效解决企业的融资难题。然而，当前国内资本市场尚不够成熟，各项规章制度还不健全，投资者的利益依旧得不到充分保障。由于流通股一般投机性强、持有期间短，所以其股东通常不重视公司的运营管理，一旦他们了解到所投公司运营不善、股价下滑，或是所投公司做出的决策与他们的预期不相符时，他们极有可能将手中的股票抛售出去。

根据委托代理理论，流通股既涉及到企业股东与自身管理所形成的代理关系，也涉及到大股东和小股东之间所存在的利益矛盾。中国上市企业尤其是创业板公司股权较为集中，不像国外资本市场流通性那么强。考虑到我国创业板上市企业流通股的持有者所持股票占比较低，很少会利用自身持股数量来行使控制股票权；再者是治理成本，公司的流通股往往掌握在个人手中，带有很强的分散性。因此，流通股的股东根本无意对公司的管理层和大股东行使监督权，或者说他们也没有足够的能力来行使这一权利，最关键的地方还在于他们同公司管理基本没有关系，导致“搭便车”问题十分普遍。

对于中国创业板上市公司来说，家族企业所占比重处于绝对领先地位，一般情况下企业的创立者既是企业所有者也是管理者。家族人员从事公司工作多年，特别在专业技艺方面具备自身的核心优势，流通股占比增加将使他们对公司的控制权变弱，进而妨碍他们做出对公司发展客观准确的决定。

由此，本文提出假设1b：

H1b：流通股比重同上市企业成长性表现为负相关。

（二）股权集中度与公司成长性

根据委托代理理论，上市公司的委托代理关系重点存在于股东与管理人之间以及大股东与中小股东之间。在中国创业板市场中，因绝大多数企业为家族上市公司，股东与管理者之间的第一类代理问题相对较小，企业管理问题的本质变为大股东与中小股东双方的权益矛盾，具体体现在大股东依靠其掌控权地位做出损害小股东权益的掏空行为。徐向艺、张立达（2008）等人的讨论结果都显示控股股东所持股份比重在极高与极低两种状况下的做法是存在差别的，由此造成了两类反应。当控股股东所持股份比重较低时，其侵害中小股东权益的主观性伴随其所持有股份比重的增加而加大，进而对中小股东权益的侵犯也随之加深，出现“壕沟防御效应”；可当控股股东所持股份比重达到一定值后，其在上市公司中具有绝大部分权益，这时侵犯中小股东权益所带来的收益比重下降，其侵犯行为也将相应变弱，出现“权益协同效应”。所以，本文讨论在国内创业板市场内，大股东的上述两种效应是否也广泛存在。由此可假定在大股东持有股份比重不同的情况下，上述两种效应同时并存；或是在所持股份比重较低的状况下，表现出第一种效应，而在所持股份比重较高的状况下，表现出第二种效应。

委托代理理论认为，过度分散的股权会导致公司所有人无法掌握控制权，这也是形成委托代理问题的本质原因。当股权集中度较低时，高度分散的股权会导致管理者的自私自利行为无法得到有效抑制和约束，中小股东的“搭便车”行为较为严重。伴随所持股份比重的上升，大股东监管激励公司运营者的主观意愿也随之上升，从而改变监管不力的状况，提升公司的发展潜力。

创业板上市公司大多处于成长期，再加上大多数公司为家族企业，企业中前几个大股东、所有者和经营者大多数为同家族成员，集权程度高，利益一致性强。当股权聚集在很少几个大股东手中时，权益在所有者与运营者之间表现出某种趋同情况，股东之间协调彼此的意见更容易，进而对保障小股东的利益更加有利。因此股权聚集在前几个大股东的手上，不但能够保障股东权利，并且还会提升管理水平与效能，降低代理费用，进而推进公司不断向前发展。

在创业板上市企业中股权的聚集程度同企业成长性表现出U形关联。当股权较为分散时，与公司成长性负相关；反之，与公司成长性正相关。所以，本文提出假设2：

H2：股权集中度与公司成长性呈U形关系。

（三）股权制衡度与公司成长性

股权制衡是指公司各个大股东间互相制约，以防范持股最多的股东或是公司内部人员做出掏空或侵占公司的一种股权部署。当大股东对上市公司实行掏空行为所需费用明显低于其能够得到的利益时，其利用“隧道效应”对上市公司进行掏空，侵犯中小投资人权益的情况更为常见。

在拥有几个大股东的管控权构成中，他们不但能够对控股股东的掏空行为进行监管，而且能够效果显著地分散公司的运营风险，同时还能够对管理人短视的做法进行有效遏制，这些都有助于公司更为重视可以为公司带来长久效益及持续发展的科技创新投入，从而对公司的发展壮大起到有利作用。自主创新是创业板公司的特征和核心竞争力，在公司拥有多名所持股份比重较大的股东时，公司开展自主创新所带来的高风险与高投入由各大股东共同负担，而无须只由持股最多的股东负担，这样控股股东不想承担高风险而舍弃公司科技创新的概率将会下降，而实行能为公司长久发展带来保障的科技创新的概率将会上升。另外，公司利用其他大股东牵制控股股东也可以使公司决策更为专业，从而提升公司的业绩与发展潜力。

总结以上分析，本文提出假设3：

H3：股权制衡度与公司成长性正相关。

（四）股权偏离度与公司成长性

根据两权分离理论，终极控股股东的两权分离致使终极控股股东通过非常少的现金流权得到了较高的控制权。因为背离了一股一权的基础原则，终极控股股东做出侵犯行为的费用要低于其努力运营后得到的现金流，如此就会刺激其侵犯其他股东的权益，非常有可能造成公司的过量投入。控制权同所有权的剥离使过度投入与大股东的“隧道效应”更为加深，从而对公司的发展潜力造成束缚。

创业板上市公司绝大部分都是经过家族控股实现上市的，其终极控制人大多是利用金字塔型或交互持股等方法得到高于现金流量权的控制权。终极控股股东控制权与现金流量权的偏离使得他们实施侵害行为后，可以利用较低成本获得较大收益，偏离越厉害，就会诱发更大的掏空动机。

由此提出假设4：

H4：终极控股股东的股权偏离度与公司成长性负相关。

三、研究设计

（一）样本选取及数据来源

1.样本选取

本文选用截至2015年12月31日的创业板上市公司作为样本，以其2013—2015年的数据作为研究对象。通过以下几个步骤进行选取：

（1）剔除金融类行业上市公司样本。金融业在财务上存在特殊性，其资金来源、会计制度、财务数据等方面与其他行业存在很大差异，为减少这种差异带来的影响，故将其剔除。

（2）剔除带ST和ST*上市公司样本。被特别处理的上市公司经营状况比较困难，异于市场中其他公司的成长情况，会对本文研究造成影响，所以将其剔除。

（3）剔除回归模型中相关变量观测值缺失的样本。本文关于公司成长的评价过程中，涉及到有关公司财务指标及技术创新指标，而一些缺失指标不在考虑范围内；由于某些原因一些公司的财务指标无法收集完整，故剔除这些公司以保证结论的一致性和真实可靠性。

（4）剔除被出具保留意见或否定意见审计报告的上市公司。

2.数据来源

本文上市公司股权结构数据来源于深圳证券交易所创业板块内披露的年度财务报告，财务数据及技术创新数据来源于国泰安数据库、万德数据库和巨潮资讯网。为了保障数据的准确性，本文将从国泰安、万德、巨潮资讯所搜集来的数据与深圳交易所创业板块数据进行了核对，有效降低了误差。

本文针对我国创业板上市公司2013—2015年的数据展开分析，研究其股权结构和公司成长性间的关系。截至2015年年底，共有492家公司在创业板上市，本文在这些公司中，通过以下方式挑选样本：首先，选择2012年12月31前上市且能提供2013—2015年年报的公司，共有354家；然后，依据实证研究惯例，去除部分股票属于ST类、数据不全面、遭受会计师事务所否决、不能表明或持保留意见的4家公司，最终采集到350家公司2013—2015年的数据，共1 050个样本点。样本数据主要来源于国泰安数据库，处理软件使用EXCEL2007、SPSS18.0和Stata12.0软件。

（二）模型设定

综合本文的理论分析，根据前文提出的假设和变量的相互关系，参考陈德萍（2011）、唐睿明（2014）等人的回归模型建立如下多元线性回归模型：

假设1的模型：

$$Growth_{i,t}=\alpha_0+\alpha_1 MR_{i,t}+\alpha_2 size_{i,t}+\alpha_3 cw_{i,t}+\alpha_4 ind_{i,t}+\alpha_5 age_{i,t}+\alpha_6 year_{i,t}+\varepsilon$$

$$Growth_{i,t}=\alpha_0+\alpha_1 FR_{i,t}+\alpha_2 size_{i,t}+\alpha_3 cw_{i,t}+\alpha_4 ind_{i,t}+\alpha_5 age_{i,t}+\alpha_6 year_{i,t}+\varepsilon$$

其中，α_0为常数项，α_i（i=1，2，3，4，5，6）分别为各个变量的系数，ε为样本残差项，代表其他影响Growth的随机因素的集合。

假设2的模型：

$$Growth_{i,t}=\beta_0+\beta_1 CR_{5\,i,t}+\beta_2 CR_5{}^2{}_{i,t}+\beta_3 size_{i,t}+\beta_4 cw_{i,t}+\beta_5 ind_{i,t}+\beta_6 age_{i,t}+\beta_7 year_{i,t}+\varepsilon$$

其中，β_0为常数项，β_i（i=1，2，3，4，5，6，7）分别为各个变量的系数，ε为样本残差项，代表其他影响Growth的随机因素的集合。

假设3的模型：

$$Growth_{i,t}=\gamma_0+\gamma_1 Z_{i,t}+\gamma_2 size_{i,t}+\gamma_3 cw_{i,t}+\gamma_4 ind_{i,t}+\gamma_5 age_{i,t}+\gamma_6 year_{i,t}+\varepsilon$$

其中，γ_0为常数项，γ_i（i=1，2，3，4，5，6）分别为各个变量的系数，ε为样本残差项，代表其他影响Growth的随机因素的集合。

假设4的模型：

$$Growth_{i,t}=\delta_0+\delta_1SE_{i,t}+\delta_2size_{i,t}+\delta_3cw_{i,t}+\delta_4ind_{i,t}+\delta_5age_{i,t}+\delta_6year_{i,t}+\varepsilon$$

其中，δ_0为常数项，δ_i（i=1，2，3，4，5，6）分别为各个变量的系数，ε为样本残差项，代表其他影响Growth的随机因素的集合。

（三）变量选取

基于本文设定的研究模型，下面对研究模型中涉及的变量进行明确定义，并选用合适的量化指标予以度量。

1.被解释变量选取

本文中的被解释变量是创业板上市公司成长性（Growth）。

朱和平等（2004）从财务潜力、人力资源力量、市场及公共关系能力、创新能力四方面构建中小高新技术企业的成长性。刘金林（2011）从获利能力、资金运作和扩张能力、成长潜力三个维度挑选20个指标，通过因子分析法衡量创业板上市公司的成长性。本文在借鉴他们研究的基础上，选择12个细分指标，从6个角度通过因子分析法构建出创业板上市公司的成长性综合数，详情见表1。

表1 创业板上市公司成长性综合得分测量表

变量名称	细分变量	符号	变量计算
盈利能力	营业利润率	Y_1	营业利润/营业收入
	资产报酬率	Y_2	(利润总额 + 财务费用)/平均资产总额
	营业净利率	Y_3	净利润/营业收入
发展能力	总资产增长率	Y_4	本年总资产增长额/年初资产总额
	所有者权益增长率	Y_5	股东权益增加额/年初股东权益
偿债能力	流动比率	Y_6	流动资产/流动负债
	速动比率	Y_7	速动资产/流动负债
营运能力	存货周转率	Y_8	营业成本额/［（期初存货+期末存货）/2］
	流动资产周转率	Y_9	营业收入额/［（期初流动资产+期末流动资产）/2］
	总资产周转率	Y_{10}	营业收入额/［（期初总资产+期末总资产）/2］
技术创新能力	技术开发投入比率	Y_{11}	本年开发支出/营业收入
	无形资产占比	Y_{12}	无形资产净额/总资产

KMO（Kaiser Meyer Olkin）检验和Bartlett（巴特利特）球形检验：因子分析法的基本目的是用少数几个因子去描述许多指标或因素之间的联系，即将相关性比较

密切的几个变量归在同一类中，每一类变量就成为一个因子，以较少的几个因子反映原指标变量的大部分信息。因此，因子分析前有必要判断各变量是否适合因子分析。本文挑选了KMO检验和Bartlett球形检验，详见表2。

表2 **KMO检验与Bartlett球形检验**

KMO（Kaiser Meyer Olkin）测量取样适当性		0.772
Bartlett球形检验	近似卡方	13 358.480
	自由度（df）	66
	显著性（P）	0.000

KMO检验作为观测变量间简单相关系数与偏相关系数的指标，其取值范围为0～1。KMO值越接近1，说明变量间的相关系数越高，原有变量越适合展开因子分析。表2所列检验中KMO=0.772，按照Kaiser给出的常用KMO度量标准（0.9以上表示非常适合；0.8表示适合；0.7表示一般；0.6表示不大适合；0.5以下表示极不适合），适合运用因子分析法。Bartlett球形检验以原本变量系数矩阵为依据，检验系数矩阵是否为单位阵，即检验各个变量是否各自独立，以反映因子分析是否适用。如果变量间彼此独立，则无法从中提取公因子，也就无法应用因子分析法。Bartlett球形检验判断如果相关阵是单位阵，则各变量独立因子分析法无效。由SPSS（统计产品与服务解决方案软件）检验结果显示 $Sig. < 0.05$（即 $P < 0.05$）时，说明各变量间具有相关性，因子分析有效。表2的Bartlett球形检验中，显著性水平为：$P=0.000 < 0.05$，代表样本适合展开因子分析。综合以上分析显示，本文成长性评价指标适合展开因子分析。

通常情况下，选择特征值 > 1的因子替代原本指标变量。由表3可知，用F1，F2，F3，F4，F5，F6，6个因子代替原来的 Y_1，Y_2，…，Y_{12}这12个指标变量，其累加贡献率可达90.458%，即6个因子能解释原本12个指标变量的90.458%，将推动上市公司的成长。

表3 **证明的变异数统计**

元件	起始特征值			撷取平方和载入			循环平方和载入		
	统计	变异（%）	累加（%）	统计	变异（%）	累加（%）	统计	变异（%）	累加（%）
1	2.840	23.666	23.666	2.840	23.666	23.666	2.626	21.886	21.886
2	2.476	20.635	44.301	2.476	20.635	44.301	2.052	17.100	38.986
3	1.737	14.479	58.779	1.737	14.479	58.779	1.926	16.050	55.036
4	1.492	12.435	71.214	1.492	12.435	71.214	1.873	15.608	70.643
5	1.309	10.906	82.120	1.309	10.906	82.120	1.329	11.074	81.717
6	1.001	8.339	90.458	1.001	8.339	90.458	1.049	8.741	90.458
7	0.604	5.031	95.489						
8	0.309	2.576	98.065						
9	0.128	1.063	99.128						
10	0.071	0.593	99.721						
11	0.031	0.260	99.982						
12	0.002	0.018	100.000						

因子分析要求所提取公因子具有实际意义，为使因子载荷矩阵内的系数更为显著，可以针对初始因子的载荷矩阵展开旋转，从而令因子与原始变量的关系获得重新分配，以便更容易解释。本文通过最大方差旋转展开分析，旋转后因子载荷矩阵见表4。

表4 旋转元件矩阵

变量	元件					
	F1	F2	F3	F4	F5	F6
Y_1	0.963	0.087	−0.027	0.068	0.024	−0.011
Y_3	0.953	0.141	−0.060	0.053	0.056	0.000
Y_2	0.873	−0.120	0.021	0.075	−0.038	−0.062
Y_7	0.046	0.987	−0.095	−0.065	0.038	−0.035
Y_6	0.038	0.986	−0.099	−0.070	0.031	−0.034
Y_{10}	−0.013	−0.059	0.977	−0.023	−0.033	−0.060
Y_9	−0.041	−0.131	0.969	0.047	−0.036	0.039
Y_5	0.099	−0.048	−0.006	0.961	0.001	−0.015
Y_4	0.071	−0.081	0.030	0.961	0.022	−0.012
Y_8	−0.023	−0.070	0.011	0.016	0.857	−0.189
Y_{11}	0.060	0.155	−0.086	0.007	0.764	0.282
Y_{12}	−0.062	−0.068	−0.013	−0.024	0.028	0.960

第一个因子F1在Y_1营业利润率、Y_2资产报酬率、Y_3营业净利率中存在很大载荷，代表着公司盈利能力，将其定义为盈利能力因子；第二个因子F2在Y_6流动比率、Y_7速动比率中存在极大载荷，代表着公司偿债能力，将其定义为偿债能力因子；第三个因子F3在Y_9流动资产周转率、Y_{10}总资产周转率中存在较大载荷，体现公司资产营运能力，将其定义为营运能力因子；第四个因子F4在Y_4总资产增长率、Y_5所有者权益增长率中存在较大载荷，体现出公司发展能力，将其定义为发展能力因子；第五个因子F5在Y_8存货周转率、Y_{11}技术开发投入比率中有很大载荷，体现公司的资产变现能力，将其定义为变现能力因子；第6个因子F6在Y_{11}技术开发投入比率、Y_{12}无形资产占比中有很大载荷，体现了公司的技术创新能力，将其定义为创新能力因子。6个因子较全面地反映了公司的成长性。

采用回归方法求出因子得分函数，SPSS输出的函数系数矩阵见表5。

表5 元件评分系数矩阵

变量	元件					
	F1	F2	F3	F4	F5	F6
Y_1	0.372	0.005	0.013	−0.030	−0.003	0.028
Y_2	0.345	−0.094	0.012	−0.036	−0.033	−0.028
Y_3	0.366	0.028	0.002	−0.034	0.017	0.037
Y_4	−0.043	0.031	0.004	0.525	0.001	0.010
Y_5	−0.033	0.045	−0.012	0.527	−0.019	0.010
Y_6	−0.026	0.499	0.049	0.034	−0.026	0.004
Y_7	−0.024	0.500	0.052	0.037	−0.020	0.003
Y_8	−0.028	−0.084	0.027	−0.018	0.673	−0.239
Y_9	0.007	0.040	0.515	0.016	0.016	0.066
Y_{10}	0.017	0.068	0.524	−0.023	0.022	−0.026
Y_{11}	0.013	0.046	0.011	0.002	0.556	0.231
Y_{12}	0.015	0.004	0.018	0.009	−0.034	0.921

由系数矩阵将6个公因子表示为12个指标线性形式，其中以Fm代表公因子，m∈［1，2，3，4，5，6］，Y_n分别代表评价体系内12个指标，n∈［1，2…12］，X_{mn}分别代表列示的因子得分系数，以公式：$Fm = \sum Y_n \times X_{mn}$表达。

$$F1=0.372\times Y_1+0.345\times Y_2+0.366\times Y_3-0.043\times Y_4-0.033\times Y_5-0.026\times Y_6-0.024\times Y_7-0.028\times Y_8+0.007\times Y_9+0.017\times Y_{10}+0.013\times Y_{11}+0.015\times Y_{12}$$

$$F2=0.005\times Y_1-0.094\times Y_2+0.028\times Y_3+0.031\times Y_4+0.045\times Y_5+0.499\times Y_6+0.500\times Y_7-0.084\times Y_8+0.040\times Y_9+0.068\times Y_{10}+0.046\times Y_{11}+0.004\times Y_{12}$$

$$F3=0.013\times Y_1+0.012\times Y_2+0.002\times Y_3+0.004\times Y_4-0.012\times Y_5+0.049\times Y_6+0.052\times Y_7+0.027\times Y_8+0.515\times Y_9+0.524\times Y_{10}+0.011\times Y_{11}+0.018\times Y_{12}$$

$$F4=-0.030\times Y_1-0.036\times Y_2-0.034\times Y_3+0.525\times Y_4+0.527\times Y_5+0.034\times Y_6+0.037\times Y_7-0.018\times Y_8+0.016\times Y_9-0.023\times Y_{10}+0.002\times Y_{11}+0.009\times Y_{12}$$

$$F5=-0.003\times Y_1-0.033\times Y_2+0.017\times Y_3+0.001\times Y_4-0.019\times Y_5-0.026\times Y_6-0.020\times Y_7+0.673\times Y_8+0.016\times Y_9+0.022\times Y_{10}+0.556\times Y_{11}-0.034\times Y_{12}$$

$$F6=0.028\times Y_1-0.028\times Y_2+0.037\times Y_3+0.010\times Y_4+0.010\times Y_5+0.004\times Y_6+0.003\times Y_7-0.239\times Y_8+0.066\times Y_9-0.026\times Y_{10}+0.231\times Y_{11}+0.921\times Y_{12}$$

以上6个公因子分别从不同角度反映上市公司的成长性，其中任意一个公因子都无法对上市公司的成长性展开综合性评价。

基于上述原因，运用公因子所对应方差贡献率作为权数展开加权平均，将有助于建立公司成长性的综合性评价模型，计算整理后评价模型表达式如下：

Growth=（23.666%×F1+20.635%×F2+14.479%×F3+12.435%×F4+10.906%×F5+8.339%×F6）/90.458%

2.解释变量选取

按照前文分析，本文将从股权结构四个维度——股权属性、集中度、制衡度和偏离度，研究股权结构和成长性的关系。

（1）衡量股权属性变量

由于创业板上市公司多属于中小型企业，多数不存在国有股份或国有股份占比极低，因此，无须考虑这方面的影响。本文在股权结构中主要研究了高管持股比例（MR）和流通股比例（FR）对公司成长性产生的影响，表达式如下：

高管持股比例（MR）= 高管所持股数/总股本 × 100%

流通股比例（FR）=流通股股数/总股本×100%

（2）衡量股权集中度变量

所谓股权集中度，是用作衡量由于股东持股比例的不同而展现的股权集散度的数量化指标。股权集中度作为量化股东对公司控制情况的关键性指标，同时也属于量化公司股权分布的关键指标。本文选择股权集中度变量展开分析，其中变量CR_5用作衡量前五大股东的持股比例总和；变量CR_5^2用作衡量前五大股东持股比例之和的平方。

（3）衡量股权制衡度变量

股权制衡度通常以第二至第n位大股东股权比例与第一大股东股权比例的比值来计量。本文选取第二至第五大股东持股比例与第一大股东持股比例的比值来计量，表达式如下。

$Z=（CR_5-CR_1）/CR_1×100\%$

（4）衡量股权偏离度变量

股权偏离度（SE），即终极控制人的控制权与现金流权的偏离程度。终极控股股东两权分离计算方式多运用WLP(weakest linking principle)法，表现为控制权与现金流权间的差。金字塔结构下，控制权定义为各控制链条内最小控制权之和，现金流权定义为链条最小值乘积之和。

自变量定义见表6。

表6 **自变量定义表**

类型	表示符号	变量名称
股权结构属性	MR	高管持股比例
	FR	流通股比例
股权集中度	CR_5	前五大股东持股比例之和
	CR_5^2	前五大股东持股比例之和的平方
股权制衡度	Z	第二至第五大股东持股比例之和与第一大股东持股比例的比值
股权偏离度	SE	终极控制人的控制权与现金流权的差值

3.控制变量选取

除股权结构对企业成长性产生重要影响外，还有一些公司自身特点及外部环境也对公司成长性产生影响，故在研究本文假设时，控制了以下能够影响被解释变量的因素。

（1）企业规模（size）：众多研究证明，企业规模对企业成长存在显著影响力。按照规模递减理论，企业成长速度将随企业规模的进一步扩张而有所放缓。企业规模的增加将不可避免地产生一些官僚主义，加大资源分配的困难度，进而对企业的成长产生不利影响。基于上述原因，本文选择企业规模为控制变量。运用总资产自然对数，将有助于有效消除企业规模所带来的偏差，从而使结论更具说服力。

（2）财务杠杆（cw）：企业的财务风险水平。

（3）行业虚拟变量（ind）：本文根据证监会所属行业进行分类。

（4）上市年限（age）：企业的上市年限，控制企业的生命周期。

（5）年度（year）：代表年份控制变量，本文为保证研究的时效性，选取2013—2015年3年的数据。

综合上述分析，本文所选取的全部变量见表7。

表7 **变量定义表**

变量类型	变量名称	变量符号	变量定义
被解释变量	公司成长性	Growth	成长性综合得分
解释变量	股权结构属性	MR	高管持股比例
		FR	流通股比例
	股权集中度	CR_5	前五大股东持股比例之和
		CR_5^2	前五大股东持股比例之和的平方
	股权制衡度	Z	第二至第五大股东持股比例之和与第一大股东持股比例的比值
	股权偏离度	SE	终极控制人的控制权与现金流权的差值
控制变量	企业规模	size	总资产的自然对数
	财务杠杆	cw	（净利润+所得税费用+财务费用）/净利润+财务费用
	行业虚拟变量	ind	行业控制变量
	上市年限	age	企业上市年限
	年度	year	年份控制变量

四、实证分析

针对上文基于创业板上市公司股权结构和成长性二者相关性所建立起的模型，本文利用描述性统计法对样本数据展开进一步剖析，进而对这一模型展开多元回归分析，最终获得本文的实证结论，并为对策建议的提出提供依据。

（一）描述性统计及分析

利用描述性统计法对创业板上市公司各个年份成长性缩尾处理后进行剖析，结论见表8。

表8 创业板成长性数值描述性统计表

年份	最大值	最小值	均值	中位数	标准差	N
2015	17.91	0.327	1.505	0.922	2.357	350
2014	35.60	0.396	2.017	0.970	4.508	350
2013	23.63	0.367	1.922	1.114	3.019	350

从表8的统计数据可以看出：2014年样本公司的成长性得分最高，为2.017，2015年成长性得分最低，为1.505，这表明创业板上市公司的成长性一直处于变动状态，成长性差异较大。从这三年上市公司成长性最大值和最小值来看，创业板市场总体成长值相对较高，且不同公司的成长性呈现出较大差异，这更加体现了对创业板上市公司成长性研究的必要性。

对研究模型所选全部变量总体样本缩尾处理后进行描述性统计，统计结果见表9。

表9 总体样本描述性统计表

变量	Growth	MR	FR	CR_5	CR_5^2	Z	SE	size	cw
最大值	35.60	0.671	1.000	0.767	0.589	3.069	24.650	22.904	4.171
最小值	0.327	0.000	0.250	0.266	0.071	0.081	0.000	19.774	−0.951
均值	1.800	0.258	0.614	0.541	0.307	0.902	3.189	21.143	1.062
中位数	0.985	0.271	0.604	0.547	0.299	0.738	0.000	21.061	0.979
标准差	3.228	0.189	0.204	0.120	0.127	0.661	6.163	0.661	0.600
样本量	1 050	1 050	1 050	1 050	1 050	1 050	1 050	1 050	1 050

以变量的描述性统计结论为依据，选择股权结构的四个维度来分析解释变量数据所包含的内在意义，同时也将控制变量纳入解释范畴，从表9的统计数据可以看出：①在股权结构属性方面，高层管理者平均持股量超过1/4，最高值则高达67.1%，因此可知在创业板市场中，公司管理层表现为普遍持股。这是由于大多数创业板上市公司为家族企业，公司管理者既是经营者也是家族成员股东，因此管理

者往往持有大部分股票，在一定意义上可以说管理层和股东的利益存在一致性。对创业板上市企业来说，流通股占比较高，平均约占股本总量的60%以上。②在股权集中度方面，CR_5值最大高达76.7%，最小值也达到26.6%，均值为54.1%，大于50%。说明在创业板市场中，股权结构较为集中，大多集中于前五大股东。CR_5和CR_5^2的描述性统计结果说明，在创业板上市公司中，前五大股东的持股比例基本掌握了公司的控制权。③在股权制衡方面，第二到第五大股东的持股占比总和同第一大股东持股占比的比值最大可达3.069，平均值约为0.902，几乎与1相等，可知二者旗鼓相当，后者在一定程度上受到前者的有力制衡。④在股权偏离度方面，SE的最大值达到24.650，平均值为3.189，标准差为6.163，说明创业板市场中终极控制人的现金流权和控制权偏离现象较为严重。由于中国创业板市场家族企业占绝大多数，而家族上市公司大多通过金字塔结构、交叉持股以及双重股权等方式获取比其现金流权要大的控制权，导致现金流权与控制权的偏离程度较大，描述性统计结果符合前文的分析。⑤在控制变量方面，创业板上市公司总资产的自然对数均值为21.143，最大值为22.904，最小值为19.774，说明创业板上市公司的规模差异较小。创业板上市公司大多数为科技含量高、创新能力强的企业，不存在规模特别大或特别小的特例。财务杠杆系数的均值为1.062，从最大值和最小值来看，说明样本公司的财务风险存在较大不同，总体风险还是较高的。

（二）相关性分析

对研究模型所选变量总体样本进行相关性分析，结果见表10。

表10 总体样本各变量相关性分析表

变量	Growth	MR	FR	CR_5	CR_5^2	Z	SE	size	cw
Growth	1.000								
MR	0.083***	1.000							
FR	-0.108***	-0.596***	1.000						
CR_5	-0.025	0.206***	-0.383***	1.000					
CR_5^2	-0.018	0.200***	-0.382***	0.992***	1.000				
Z	0.100***	0.107***	-0.155***	-0.110***	-0.106***	1.000			
SE	-0.061**	-0.511***	0.233***	0.189***	0.187***	-0.151***	1.000		
size	-0.054*	-0.268***	0.257***	-0.161***	-0.153***	0.013	0.072**	1.000	
cw	-0.116***	-0.073**	0.099***	-0.084***	-0.087***	-0.030	-0.013	0.191***	1.000

注：*、**、***依次代表在置信度为10%（双侧）、5%（双侧）、1%（双侧）水平上显著相关。

从表10可以看出：变量之间的相关性分析系数中，高管持股、股权制衡度与公司成长性显著正相关，流通股比例、股权偏离度与公司成长性显著负相关，与前文理论剖析结论和研究假设基本相同，不过股权集中度与公司成长性的关系，还需要进行多元回归分析。其他控制变量与公司成长性的关系也与理论预期一致。计量经济学理论认为，若自变量彼此间有着较强的相关度，那么与之相应的回归方程的拟合度将趋于下降。由相关性分析可知，除了 CR_5 与 CR_5^2 之间的相关性较强之外，模型内各变量间的相关性系数都低于0.6，在可接受的临界值范围内，可判断本文样本变量间的相关关系不会影响接下来的线性回归结果。

（三）回归结果及分析

在描述性统计及相关性分析基础上，下面进行线性回归分析进一步验证本文假设，总体样本股权结构与公司成长性的回归结果见表11。

表11　　**股权结构与公司成长性的回归结果**

截距和	因变量：公司成长性Growth				
自变量	模型一		模型二	模型三	模型四
Constant	7.0185***	8.2947***	11.9682***	8.5251***	7.9772***
	(2.22)	(2.71)	(3.35)	(2.78)	(2.60)
MR	0.9628**				
	(1.97)				
FR		−1.5740***			
		(−3.18)			
CR_5			−10.7595**		
			(−1.83)		
CR_5^2			9.5961**		
			(1.74)		
Z				0.2802**	
				(2.11)	
SE					−0.0328**
					(−2.29)
size	−0.2488*	−0.2738**	−0.3276**	−0.3186**	−0.2704**
	(−1.62)	(−1.81)	(−2.16)	(−2.11)	(−1.78)
cw	−0.5365***	−0.5230***	−0.5343***	−0.5286***	−0.5482***
	(−3.63)	(−3.55)	(−3.61)	(−3.58)	(−3.71)
age	−0.0422	−0.0811	−0.0862	−0.0510	−0.0756
	(−0.89)	(−0.09)	(−0.68)	(−1.00)	(−1.25)
ind	控制	控制	控制	控制	控制
year	控制	控制	控制	控制	控制
R^2	0.2670	0.2714	0.2668	0.2674	0.2680
A-R^2	0.2542	0.2587	0.2533	0.2546	0.2552
F	20.87***	21.33***	19.73***	20.91***	20.97***
Observations	1 050	1 050	1 050	1 050	1 050

注：括号上方为解释变量估计系数，括号中为t值，*、**、***依次表示在置信度为10%（双侧）、5%（双侧）、1%（双侧）水平上显著相关。

1.股权结构属性和公司成长性的相关性分析

基于模型一的验证结论可知，高级管理层持股占比和公司成长性存在正相关性，且在5%的水平上显著；流通股比例与公司成长性存在负相关性，且在1%水平上显著，与假设1相符。由于创业板上市公司家族化的特点，大多由家族的某个成员担任董事长或总经理等高级管理职位，使得管理者与股东利益相对一致；家族成员之间特有的血缘、亲缘关系可以节省委托代理成本，也使企业能够根据市场环境的变化迅速做出明确而有效的决策，进而有利于公司的成长和发展。对于流通股股东来说，由于他们所持股份相当有限，一般难以在公司治理中产生较大影响，无法利用股东大会充分展现自身参与公司治理的作用。因为怀着“搭便车”的心态，大部分人选择流通股是为了获得市场价差，难以实现市场监督功能。因此，在创业板市场中流通股占比与公司成长性是负相关的。

2.股权集中度和公司成长性的相关性分析

基于模型二的验证结论可知，前五大股东的股权占比总和与公司成长性存在负相关关系，且比较显著；股权比例之和的平方与公司成长性显著正相关，说明股权集中度与公司成长性呈U形关系且显著，与假设2相符。研究表明，在我国创业板市场的股权结构中，利益协同作用和“壕沟防御效应”是同时存在的；或者说在股权集中度较低的情况下，体现的是“壕沟防御效应”，而随着股权集中度的提升，利益协同作用得以充分发挥。因此，股权集中度与公司成长性呈U形关系。

3.股权制衡和公司成长性的相关性分析

基于模型三的验证结论可知，股权制衡的回归系数为0.2802，大于0且显著，与假设3相符。股权制衡通过其他大股东对第一大股东的制约，能够有效抑制控股股东的不合理行为，减少其给整个公司造成的损害，同时也有利于保障中小股东的合法权益。当股权制衡度较大，即第二至第五大股东的持股比例较高时，能有效激发这些股东参与公司治理的热情与动力，充分行使自身的监督权，股权制衡效果非常明显。控股股东若想做出不合理行为往往需要付出巨大的成本，这样一来，发生控股股东掠夺其他投资者利益行为的概率就会降低。股权制衡对于减少控股股东损害公司价值的行为具有积极作用，因此，股权制衡度与公司成长性存在正相关性。

4.股权偏离度和公司成长性的相关性分析

基于模型四的回归结论可知，终极控制人的股权偏离度与公司成长性的回归系数为负值且显著，与假设4相符。我国创业板市场绝大多数为家族企业，其控制权与现金流权的分离程度较高。终极控制人通过金字塔等股权结构方式分离控制权和现金流权，可以用较少的现金流实现对上市公司的实质性控制。过度投资和大股东的“隧道效应”行为越多，对少数股东的利益侵害越大，带来的代理冲突也越严重，进而降低公司的价值和成长性。因此，上市公司终极控制人的两权偏离程度与公司成长性负相关。

5.控制变量和公司成长性的相关性分析

在控制变量方面，创业板上市公司的规模与公司的成长性在1%的置信水平上显著负相关，验证了规模递减理论。创业板市场的公司规模往往不大，且比较灵活，能够较快跟上科技创新的步伐，推动公司的自我发展。财务杠杆与公司成长性的关系，表现为显著负相关。虽然债务融资具有杠杆效应，但是债权人往往会对高风险项目严格约束。创业板上市公司普遍具有科技含量高、创新能力强的特点，高负债率会阻碍给企业带来未来增长机会的投资，导致企业做出有失合理的运营决策。因此，财务杠杆与公司的成长性是负相关关系，且比较显著。

表11中，R^2值为0.26左右，说明模型的拟合优度较好，并且F值也很大，表明整个模型是显著的。

本文对模型的多重共线性问题的检验结果见表12。

表12 **多重共线性检验**

变量	VIF	VIF	VIF	VIF	VIF
MR	1.15				
FR		1.39			
CR_5			3.44		
CR_5^2			3.10		
Z				1.04	
SE					1.05
size	1.39	1.35	1.36	1.35	1.36
cw	1.06	1.06	1.06	1.06	1.06
Mean	1.24	1.27	2.33	1.23	1.23

由表12可知，除了CR_5和CR_5^2之间相关性较大外，其他各变量VIF值（Variance Inflation Factor，方差膨胀因子）都在2以下，平均值均小于2，远远小于VIF的临界值10。可见，自变量之间不存在多重共线性问题。

（四）稳健性检验

公司成长性预示着充满价值的未来投资机会，也体现了企业是否有充分把握住这些机会的能力。从价值层面来说，企业赢得超常回报的能力代表了其自身的成长性，而企业资本化程度也是衡量成长性的一个指标。

衡量企业成长能力的方法除了因子分析以外，还有其他指标的衡量方法，如净资产增长率（吕长江等，2006）、托宾Q值（唐睿明，2011）等。本文在稳健性检验中，选择托宾Q值作为公司成长性的替代指标，在剔除没有托宾Q值的公司后，共有990家公司。再次对模型进行线性回归以考察实证结果的稳健性，回归结果见表13。

表13 股权结构对公司成长性的稳健性检验

截距和自变量	因变量：公司成长性Growth				
	模型一		模型二	模型三	模型四
Constant	20.0741***	21.3460***	17.7042***	8.4546***	7.9609**
	(6.98)	(7.65)	(5.47)	(2.66)	(2.50)
MR	0.9282**				
	(2.10)				
FR		-1.4744***			
		(-3.30)			
CR_5			-9.7356**		
			(-1.83)		
CR_5^2			7.5374*		
			(1.52)		
Z				0.3123**	
				(2.27)	
SE					-0.0365**
					(-2.51)
size	-0.7926***	-0.8193***	-0.8196***	-0.3140**	-0.2654*
	(-5.67)	(-5.96)	(-5.94)	(-2.01)	(-1.69)
cw	-0.2833**	-0.2722**	-0.2778**	-0.5214***	-0.5404***
	(-2.16)	(-2.08)	(-2.11)	(-3.49)	(-3.62)
age	-0.1242	-0.0096	-0.0638	-0.0709	-0.1025
	(-1.25)	(-0.09)	(-0.62)	(-0.63)	(-0.91)
ind	控制	控制	控制	控制	控制
year	控制	控制	控制	控制	控制
R^2	0.3851	0.3892	0.3875	0.2635	0.2644
A-R^2	0.3737	0.3779	0.3755	0.2499	0.2508
F	33.79***	34.37***	32.30***	19.30***	19.39***
Observations	990	990	990	990	990

注：括号上方为解释变量估计系数，括号中为t值，*、**、***依次代表在置信度是10%（双侧）、5%（双侧）、1%（双侧）水平上显著相关。

从表13可以看出，采用托宾Q值对股权结构与公司成长性的实证检验结果与前文回归分析的结果一致，解释变量系数的符号和显著性同样能够证明假设1、假设2、假设3和假设4的成立，这表明本文的研究结论是相当稳健的。

五、研究结论及政策建议

（一）研究结论

本文采用因子分析法，选择2013—2015年在深圳证券交易所创业板完成上市的350家样本企业进行成长性综合标准构建，并从股权构成的四个维度展开了实例讨论。针对创业板上市公司家族化的特征，本文研究了创业板股权构成与公司成长性之间的关联，得出以下结论。

第一，在股权构成属性方面，国内创业板上市公司大都是家族企业，公司高层所掌控的股份比重特别巨大，公司高层控股比重与公司成长性呈正相关关系。高管掌控股份能够较好地优化公司的管理构成，由于其与公司权益是趋同的，有助于推动公司发展。多元回归剖析结论表明，创业板上市公司流通股的比重与公司成长性间表现出明显的负相关，这也证明了本文的假设1。也就是说，国内的中小投资者进行股票买卖活动表现出某种投机性，目的是获得交易利差，而并非真正向公司进行投资，参加公司管理。

第二，在股权聚集度方面，创业板上市公司的股权主要由前五大股东掌握。经过多元回归分析可知，股权聚集程度与公司成长性呈现U形关系，这一结论证实了本文的假设2。大股东与中小股东之间的委托代理关系，具体表现为大股东凭借其控制权地位，实施侵害中小股东利益的“掏空”行为。控股股东在持股比例很高和很低两种情况下，其行为是不相同的，由此会产生两种效应。当控股股东所掌握的股份比重较小时，其侵犯中小投资人的主观意愿随所拥有的股份比重上升而加大，对中小投资人的损害程度也随之加深，出现“壕沟防御效应”；当控股股东所掌握的股份比重达到一定值后，其在上市公司中已经占据绝大部分权益，侵害中小投资人取得的利益比重下降，侵害行为随之变轻，出现“利益协同效应”。上述两种效应可以同时存在，或者是在持有股份比重较小的状况下前者起主要作用，而在持有股份比重较大的状况下，后者起主要作用。从回归结果可以看出，在两种效应的共同作用下前五大股东的股权聚集程度与公司成长性表现出U形关联。

第三，在股权制衡度方面，创业板上市公司第二至第五大股东如果联合在一起，可以在某种程度上起到约束最大股东的效果。多元回归分析的结论表明，股权制衡度与公司成长性间表现出明显的正相关，这与本文假设3相符。公司其他大股东对最大股东的约束作用，不但能够束缚最大股东侵犯公司权益的行为，还能够分摊公司的高风险，从而推动公司科技创新或自主研发项目的实行，使公司不断发展。

第四，在股权偏离度方面，终极控股股东控制权与现金流权的偏离对公司成长性具有显著的负相关影响，偏离程度越大，影响越强烈。

（二）政策建议

创业板上市公司股权结构对公司成长性的影响是多方位的，为了进一步发挥股权结构对公司成长性的正面影响，本文提出如下建议：

1.调整股权结构，合理配置股权

创业板上市公司应针对其高风险、高成长性的特点，合理配置股权类型。为使管理层与公司的权益趋于相同，可向公司高层管理人员定向发售股份，推行股权期权计划，给予高层管理人员“绩效股份”。高层管理人员拥有公司的部分股权，可以降低剩余控制权与索取权的不对等，推动自身权益与公司权益的趋同，从而在某种程度上推动公司的发展壮大。

创业板上市公司的家族化现象比较突出，公司应该从可持续发展角度出发，在赋予家族成员股权的同时，提高高层管理者自身的管理能力，避免盲目的任人唯亲，适当引入职业经理人这一角色。换句话说，国内创业板上市公司大都具有家族特征，决策的独断专行或许是这些公司在创业初期实现成功的重要保障，可随着公司持续发展壮大，其所处的外在环境也变化繁杂，聘请职业经理人就成为这些公司在管理机制上有所突破的重要一环。聘请更具专业能力的职业经理人，可以协助公司摆脱束缚，推动公司长久发展。

2.保持公司股权的适度集中，强化股权制衡作用

股权制衡度与公司成长性正相关，表明对于创业板上市公司而言，保留一个大股东，又有一定数量的其他股东对其进行约束，对公司发展具有积极影响。上市公司应当建立股权相对集中、各大股东互相制约的股权架构。当控股股东所持的股份大于一定比重时，容易出现监督和约束不力的情况，促使大股东与公司管理人员共同侵犯中小股东的权益，进而对企业发展造成不良影响。通过建立股东间的约束制度，能够限制大股东的侵犯行为，有助于消除控股股东与中小投资人之间的委托代理矛盾，降低代理费用。

3.完善公司治理环境

资本市场、证券市场应健全监督管理和信息公开制度。证券监督管理部门应消除法律体系与制度的缺陷，建立高效能、高水准的行政监督管理部门以及自律性机构，建设高效的证券信息公开制度。如证券监督管理部门在公布公开说明书或公司年报时，对所占股份高于5%的股东或前十大股东，可详细表明他们之间的关联以

及所持股份的比重，这样不但有利于提高公司的透明度，还可以使投资人准确掌握各企业的股权构成完善度。对于终极控股股东控制权与现金流权出现偏差的上市公司，监督管理机构应增强监管力度，强制规定上市公司的终极控股股东按时公开其终极股权管控构成图，使中小投资人掌握相关信息，这样在保障中小投资人权益的同时，也有利于上市公司增强内部管理，提升运营成绩，以便得到更多投资人的支持。

（三）研究不足及进一步研究方向

本文对创业板上市公司股权构成与公司成长性两者间关系的研究，还存在以下不足之处，可以作为进一步的研究方向。

1.仅对创业板上市公司整体规模进行研究，没有细化样本类型

一些研究认为，创业板上市公司的股权结构可以按照第一大股东持股比例进行划分，即分为持股比例≥50%、持股比例为20%～50%、持股比例≤20%三种类型。在此细分基础上，权衡股权特点对上市公司成长性的作用，得到股权构成不同的公司其成长性的不同特点，最终针对不同股权特征的公司提出相对应的建议。

2.没有细化创业板上市公司中的家族企业和非家族企业

我国创业板上市公司大都是私营企业，与沪深两市主板中大多数上市公司的国有性质不同，其在控股和运营方面实际上是由家族或与家族相似的组团负责。按照家族企业和非家族企业进行详细划分，能够清楚地比较二者之间的差异。

参考文献

[1] 王俊峰，赵晓涛. 股权结构对上市公司成长性影响的研究［J］. 重庆工学院学报，2005（6）：15-18.

[2] 陈晓红，王小丁，曾江洪. 高管薪酬激励方式对中小企业成长性的影响——基于分解法视角的实证研究［J］. 经济问题探索，2007（3）：150-155.

[3] 曾江洪，李莹. 股权集中度与中小上市公司成长性的实证分析［J］. 事业财会，2007（2）：39-41.

[4] 冯根福，黄建山. 中国上市公司治理对公司成长能力影响的实证分析［J］. 经济管理，2009（12）：61-68.

[5] 刘新绍，张晓铃. 中小板上市公司股权结构、技术效率与成长性［J］. 会计之友，2010（10）：75-77.

[6] 段伟宇，师萍，陶建宏. 创新型企业股权结构与成长性的关系研究——基于沪深上市企业的实证检验［J］. 投资研究，2012（5）：79-90.

[7] 马忠，吴翔宇．金字塔结构对自愿性信息披露程度的影响：来自家族控股上市公司的经验验证［J］．会计研究，2007（1）：44-50，92-93.

[8] 许静静，吕长江．家族企业高管性质与盈余质量——来自中国上市公司的证据［J］．管理世界，2011（1）：112-120.

[9] 徐向艺，张立达．上市公司股权结构与公司价值关系研究——一个分组检验的结果［J］．中国工业经济，2008（4）：102-109.

[10] 陈德萍，陈永圣．股权集中度、股权制衡度与公司绩效关系研究——2007—2009年中小企业板块的实证检验［J］．会计研究，2011（1）：38-43.

[11] 唐睿明，邱文峰．股权结构与公司绩效关系的实证研究——基于创业板上市公司的数据［J］．南京审计学院学报，2014（3）：68-77.

[12] DEMSETZ H，VILLALONGA B. Ownership structure and corporate performance［J］. Journal of Corporate Finance，2001，7（3）：209-233.

[13] DRAKOS A A，BEKIRIS F V Corporate performance，managerial ownership and endogeneity：A simultaneous equations analysis for the Athens stock exchange［J］. Research in International Business and Finance，2010，24（1）：24-38.

[14] CLAESSENS S，DJANKOV S，LANG L H P. The separation of ownership and control in East Asian Corporations［J］. Journal of Financial Economics，2000，58（1-2）：81-112.

Empirical Research on the Relationship between Ownership structure and Growth of the GME listed Companies

Abstract The relationship between the ownership structure and the growth of Listed Companies in China's GEM（Growth Enterprises Market）is very important. The GEM listed company itself has some certain characteristics. Through the empirical analysis on correlation among the equity property、equity deviation of the GEM listed company's ownership structure and enterprise growth，we can draw the following conclusions: Higher equity ratio of the company executives has a positive impact on the company's growth; The proportion of tradable shares is negatively correlated with the growth of company and the result is significant; The relationship between ownership concentration and firm growth is U type; There is a significant positive correlation between ownership balance and corporate growth; The relationship between the equity deviation and the firm growth is significant negative.

Key Words ownership structure; corporate growth; GEM listed company

第9辑，2019年
No.9, 2019
会计与控制评论
Review of Accounting and Control

银监局局长任期与商业银行盈余质量：学习效应还是激励弱化？①

许浩然[1]　曾　玥[2]　谭芳宇[2]

（1. 东北财经大学会计学院/中国内部控制研究中心　大连　116025）
（2. 中国人民大学商学院　北京　100872）

摘　要　本文采用2004—2014年我国111家商业银行的数据，实证检验了银监局局长任期对商业银行盈余质量的影响。研究表明，随着银监局局长任期的增加，商业银行盈余质量提高；在地方银监局局长任职初期，受政府干预程度高或由非四大会计师事务所审计的商业银行更倾向于盈余管理。本文的研究不仅丰富了商业银行盈余质量的影响因素及官员任期制度的经济后果等方面的内容，而且在一定程度上为提高金融监管效率提供了借鉴，具有重要的政策含义。

关键词　商业银行　盈余质量　银监局局长　官员任期　盈余管理

一、引言

盈余质量对商业银行的发展至关重要（艾林和曹国华，2013），然而我国商业

① 通讯作者：许浩然（1988—），男，管理学博士，东北财经大学会计学院讲师，主要研究方向：债务融资与治理、会计与资本市场、审计。本文得到了辽宁省教育厅青年科技人才育苗项目（LN2019Q54）的资助，在此表示感谢。

银行的盈余质量普遍偏低（胡欢欢和吕国炳，2010），损害了商业银行的经营绩效和应对风险的能力（艾林和曹国华，2013；戴德明和张姗姗，2016）。因此，提升商业银行盈余质量已经成为一个非常重要的现实问题。

关于商业银行盈余质量的影响因素，学术界已展开诸多研究。总体而言，这些研究主要围绕商业银行的内部治理机制和外部治理机制两个方面来进行。内部治理机制包括管理层激励、股权性质和股权结构等（武恒光和张龙平，2012；梁琪、石宁和陈文哲，2012；金宏莉、张玮和黄霞，2016；Cornett，McNutt and Tehranian，2009；Kanagaretnam，Lobo and Mathieu，2003）。外部治理机制包括国家制度建设、金融生态环境、区域竞争环境和金融管制等（江金锁和胡焱鑫，2010；李延喜等，2012；张敏、谢露和马黎珺，2015；谢露、王欣和张敏，2016；Kanagaretnam，Lim and Lobo，2014）。另外，有少量学者研究了非正式制度对商业银行盈余质量的影响（Kanagaretnam，Lim and Lobo，2011）。但是，目前尚无学者从官员任期的角度研究商业银行的盈余质量问题。对于中国这样一个新兴市场国家而言，商业银行的行为较多地受到政府管制的影响（Lobo，2017；Beatty and Liao，2014），而地方银监局局长作为中央下派到地方的监管力量的代表，对属地银行的经营风险负有监管职责（郭峰和刘冲，2016）。因此，研究银监局局长任期对商业银行盈余质量的影响是非常必要的。

在我国，任期制度是官员治理的重要制度安排，官员任期会对当地经济产生重要影响（王贤彬和徐现祥，2008；张军和高远，2007）。研究发现，官员任期会影响地区信贷投放和固定资产投资（谭之博和周黎安，2015）、政府信息透明度（张蕊和朱建军，2016）、企业的投资行为（向杨、徐良果和王勇军，2014；李后建和张宗益，2014）以及资源获取（干春晖、邹俊和王健，2015）等。银监局局长作为具有行政级别的政府官员，其施政行为同样会受到任期的影响。

本文采用2004—2014年我国111家商业银行的面板数据，实证检验了银监局局长任期对我国商业银行盈余质量的影响。研究发现，随着银监局局长任期的增加，商业银行盈余质量得到提高；相对于受政府干预程度较低的商业银行，受政府干预程度较高的商业银行盈余质量受银监局局长任期的影响更大；相对于由四大会计师事务所审计的商业银行，由非四大会计师事务所审计的商业银行盈余质量受银监局局长任期的影响更大。

本文的研究结论具有重要的理论意义和现实意义。首先，目前很少有学者研究银监局局长任期对商业银行盈余质量的影响，因此，本文的研究丰富了商业银行盈余质量的影响因素；其次，本文从商业银行盈余质量的角度，拓展了官员任期制度的经济后果方面的内容；最后，本文的研究结论具有重要的政策含义，可以为提高金融监管效率提供借鉴，如强化监管部门领导任职初期的监管力度等。

二、文献回顾与研究假设

（一）相关文献回顾

目前关于商业银行盈余质量的研究，主要从商业银行内部治理和外部治理两个方面展开。

1.内部治理的研究视角

内部治理的研究视角包括管理层激励、股权性质和股权结构等几个方面。

首先，从管理层激励来看，薪酬激励与银行盈余管理呈正相关，即高的薪酬激励会推动银行进行向上的盈余管理（Cornett，McNutt and Tehranian，2009；武恒光和张龙平，2012）。Kanagaretnam，Lobo and Mathieu（2003）指出，银行的管理层为减少预期经营的不确定性，会通过操纵贷款损失准备率来进行盈余平滑。

其次，从股权性质与股权结构来看，与股份制商业银行相比，国有控股商业银行和城市商业银行更倾向于进行盈余管理（梁琪、石宁和陈文哲，2012）；所有权结构方面，金宏莉、张玮和黄霞（2016）研究发现，第一大股东持股比例与银行盈余管理呈倒“U”形关系，而高管持股比例与盈余管理则为负相关关系。

2.外部治理的研究视角

基于外部治理机制视角的研究，主要是研究外部环境如何影响商业银行的盈余质量，包括宏观和微观两个层面。

从宏观层面来看，研究视角包括国家制度建设、金融生态环境、区域竞争环境和金融管制等几个方面。国家法制发展越完善、政治体制建设水平越高、市场化程度越高、政府干预程度越低，越有利于减少盈余管理，保护投资者权益（李延喜等，2012；Kanagaretnam，Lim and Lobo，2014）；谢露、王欣和张敏（2016）研究发现，商业银行的区域竞争程度越高，银行盈余质量水平越低；良好的金融生态环境有助于抑制商业银行的盈余管理行为，提高其盈余质量（张敏、谢露和马黎珺，2015）；江金锁和胡焱鑫（2010）研究发现，金融管制与盈余管理呈倒“U”形关系。

从微观层面来看，审计师也是影响商业银行盈余质量的重要因素之一。由于四大会计师事务所发挥了较好的监督作用，其审计的城市商业银行计提的贷款损失准备普遍更高（祝继高、王春飞和尤可畅，2015）；审计师声誉与银行盈余质量呈正相关，审计师声誉越高，银行平滑收益的操作越少（Kanagaretnam，Lim and Lobo，2010）。

另外，有少量学者研究了非正式制度对商业银行盈余质量的影响。

Kanagaretnam, Lim and Lobo（2011）比较了不同民族文化对金融危机前后商业银行盈余质量的影响，发现在具有以个人主义为主导、高权力距离和低不确定性规避等特点的文化中，商业银行更倾向于通过操纵贷款损失准备平滑利润。

综上所述，目前大多学者主要从内、外部治理机制角度研究商业银行盈余质量的影响因素，而少有学者从银监局局长任期的角度开展研究。银行业由于其重要性和特殊性，是一个受到政府高度管制的行业，受政治因素的影响非常大（Lobo，2017；Beatty and Liao，2014）。地方银监局局长作为政府监管力量的主要代言人，其任期长短会对商业银行盈余质量产生显著影响。因此，本文从银监局局长任期的角度开展对商业银行盈余质量的研究，可以补充现有研究的不足，具有重要的意义。

（二）研究假设

银监局局长任期会对商业银行盈余质量产生重要影响，与此相关的理论主要包括学习效应理论与激励弱化理论。

传统的学习效应是指当一个人重复地做某一产品时，由于动作逐渐熟练，或者逐渐摸索到一些更有效的作业方法后，做一件产品所需的工作时间（即直接劳动时间）会随着产品累积数量的增加而减少。本文所说的学习效应是指在银行和监管当局双方的动态博弈过程中，由于信息是不完全且不对称的，监管当局会不断地搜集和利用自己所能掌握的最新信息来修正自己的预期、决策和行动（监管当局是否进行监管），即不断地进行学习（卜亚，2011）。在上任初期，银监局局长对当地的情况不够了解，所能掌握的信息较少，因而对当地商业银行的监管能力受到一定的限制；随着任期的延长，银监局局长对当地商业银行的经营特点和风险规避情况的了解逐渐深入，能够更好地鉴别其盈余管理行为，有利于银监局采取有效的监管措施，提高当地商业银行盈余质量。据此，我们提出对立假设1。

H1：随着银监局局长任期的延长，商业银行的盈余质量提高。

在中国，地方政府是对企业进行管制的主要执行者（周黎安，2004）。出于政治升迁和财政激励的双重目的，地方主政官员会积极参与和同级官员的“横向竞争”以获取“政治锦标赛”的胜利（雷光勇、刘茉和王文忠，2017），这种竞争给予地方官员很强的晋升激励（周黎安、赵鹰妍和李力雄，2013）。根据激励弱化理论，随着任期的增加，地方政府官员的进取意识和工作热情会逐渐降低（傅利平和李永辉，2015），其目标函数和决策方式也会改变，从而弱化激励水平（张军和高远，2007）。因此，随着银监局局长任期的延长，其预期的晋升概率会降低，对政绩的需求也减少，而对地方商业银行的监管力度也随之减小。据此，我们提出对立假设2。

H2：随着银监局局长任期的延长，商业银行的盈余质量降低。

三、研究设计

(一) 模型与变量

为检验假设1，借鉴其他学者的做法（张敏、谢露和马黎珺，2015；戴德明和张姗姗，2016），我们构建如下OLS回归模型：

$$LLP=\beta_0+\beta_1 EBTP+\beta_2 CBRCDIR+\beta_3 EBTP*CBRCDIR+\beta_4 LOAN+\beta_5 PLLP+\beta_6 BADLOAN+\beta_7 \Delta BADLOAN+\beta_8 LCO+\beta_9 CCAPITAL+\beta_{10} DIRECTOR+\beta_{11} FOREIGN+\beta_{12} POST+\varepsilon \quad \text{模型（1）}$$

在模型（1）中，被解释变量LLP表示贷款损失准备水平，即银行当期计提的贷款损失准备金与期初资产总额之比。EBTP表示银行当期利润水平，即扣除税收和贷款损失准备前的银行利润与银行期初资产总额之比。当期利润水平越高，银行需要计提的贷款损失准备就越多。据此，我们预测回归系数β_1显著为正。CBRCDIR表示省级银监局局长任期，是一个连续变量。EBTP*CBRCDIR表示变量EBTP与CBRCDIR的交互项，根据假设1，我们预测交互项系数显著为负；根据假设2，我们预测交互项系数显著为正。LOAN表示银行当期贷款规模，即期末信贷总额与期初资产总额之比。商业银行贷款规模是其计提贷款损失准备金的基础和依据，贷款规模和计提的贷款损失准备呈正相关。据此，我们预测回归系数β_4显著为正。PLLP表示银行上期计提的贷款损失准备与期初的资产总额之比。银行在计提当期的贷款损失准备时，会相应地参考上期计提的金额，避免出现大规模的波动。据此，我们预测回归系数β_5显著为正。BADLOAN表示期初不良贷款规模，即期初不良贷款与期初资产总额之比。ΔBADLOAN表示不良贷款的增长率，用期末与期初不良贷款的差额在期初资产总额中的占比衡量。不良贷款的规模越大，增长的速度越快，说明银行的风险越高，相应地就需要提高贷款损失准备的计提额。据此，我们预测回归系数β_6、β_7都显著为正。LCO表示当期贷款损失准备的净冲销额在期初资产总额中的占比。净核销的贷款损失准备是对贷款损失准备余额的冲减，在贷款损失准备余额存在一定约束的情况下，当期贷款损失准备的净冲销额越多，当期计提的贷款损失准备金额也相应增多。据此，我们预测回归系数β_8显著为正。CCAPITAL表示资本充足率，是银行的资本总额对其风险加权资产的比率，反映了银行抵御风险的能力。资本充足率越高，说明银行抵御风险的能力越强，通过计提贷款损失准备来抵御风险的需求也越小。据此，我们预测回归系数β_9显著为负。DIRECTOR表示银行的董事会总人数，FOREIGN表示银行股权结构中外资持股的比例，这两个变量用来控制银行的治理结构对其盈余管理行为可能的影响。POST是一个虚拟变量，当样本年份≥2007年时取1，否则取0。我国自2007年开始实施新会计准则，从而在一定程度上改变了我国商业银行计提贷款损失准备的方式。陈雯靓和吴溪（2014）发现，2007年施行的新会计准则显著遏制了商业银行的利润平滑行为。据此，我们预测回归系数β_{12}显著为负。

（二）样本数据

本文以2004—2014年在我国境内经营的111家商业银行为研究样本。样本数据来源于各商业银行对外披露的年报及中国货币网。公司治理数据由手工整理得到。银监局局长更替的数据来自于各省银监局网站、人民网、财经网对外披露的信息以及百度搜索引擎所得到的信息，再经手工整理得到。在剔除了相关变量的缺失值之后，我们最终得到417组银行年度数据。

表1报告了研究样本在年度和地区的分布情况。从年度分布来看，样本数量持续上升，符合我国商业银行数量逐年增多的实际情况；从地区分布来看，样本主要集中在东部沿海地区，西南和西北地区的样本较少，这与我国地区经济发展及银行数量的地区分布相一致。综合来看，本文的样本分布比较合理，能够较好地代表我国银行业总体水平。

表1　　样本分布

Panel A：按年度统计

2004年	2005年	2006年	2007年	2008年	2009年
2	5	14	32	21	33
2010年	2011年	2012年	2013年	2014年	合计
43	54	61	77	75	417

Panel B：按地区统计

地区	样本量	地区	样本量
北京	32	重庆	8
广东	56	湖南	7
山东	50	江西	7
浙江	48	内蒙古	7
辽宁	29	湖北	6
江苏	34	山西	5
福建	25	黑龙江	3
上海	12	吉林	3
河南	17	安徽	2
河北	16	甘肃	1
四川	15	贵州	1
天津	14	新疆	1
广西	8	云南	1
宁夏	8	陕西	1
合计	417		

（三）描述统计

表2报告了主要变量的描述性统计结果。银行当期的贷款损失准备水平LLP的均值为0.0047，符合实际情况。银行当期利润水平EBTP的均值为0.0238，反映了我国商业银行平均的盈利水平；上四分之一分位数和下四分之一分位数分别为0.0274和0.0190，说明不同的商业银行之间的盈利能力存在较大差异。贷款规模LOAN的均值为0.6052，表明我国商业银行的贷款总额处于一个较高的水平。银行上期计提的贷款损失准备水平PLLP的均值为0.0037，与当期计提的贷款损失准备水平差别不大。不良贷款率BADLOAN的均值为0.0075，表明我国商业银行的不良贷款处于中等水平。不良贷款增长率ΔBADLOAN的下四分之一分位数与上四分之一分位数分别为-0.0003和0.0018，说明不同的商业银行之间不良贷款的增长存在较大差异。资本充足率CCAPITAL的均值为0.1254，高于银监会的监管要求，说明我国的商业银行具有较强的抵御风险能力。所有变量的标准差均处于合理范围之内，表明样本数据不存在大量的极端值。

表2 变量的描述统计

变量名称	样本量	均值	标准差	下四分之一分位数	中位数	上四分之一分位数
LLP	417	0.0047	0.0039	0.0024	0.0037	0.0059
EBTP	417	0.0238	0.0082	0.0190	0.0224	0.0274
LOAN	417	0.6052	0.1532	0.5050	0.6087	0.6941
PLLP	417	0.0037	0.0034	0.0018	0.0027	0.0046
BADLOAN	417	0.0075	0.0132	0.0017	0.0036	0.0076
ΔBADLOAN	417	0.0005	0.0126	-0.0003	0.0003	0.0018
LCO	417	0.0011	0.0027	0.0000	0.0002	0.0012
CCAPITAL	417	0.1254	0.3012	0.1110	0.1227	0.1372
DIRECTOR	417	0.0134	0.0028	0.0110	0.0130	0.0150
FOREIGN	417	0.0001	0.0005	0.0000	0.0000	0.0002
POST	417	0.9496	0.2189	1.0000	1.0000	1.0000

四、实证结果与分析

表3报告了模型（1）的回归结果。第1列数据为不考虑银监局局长任期时的回归结果。结果显示，银行盈余水平EBTP的回归系数显著为正，说明我国商业银行

普遍存在盈余管理行为。第2列数据为进一步考虑银监局局长任期时的回归结果。结果显示，EBTP与银监局局长任期CBRCDIR的交互项系数显著为负，说明随着银监局局长任期的增加，商业银行的盈余管理行为会显著弱化，支持了假设1。这表明银监局局长的任期越长，越有助于抑制商业银行运用贷款损失准备进行的盈余平滑，从而有助于提高商业银行盈余质量。

表3　　银监局局长任期与商业银行盈余质量

EBTP	0.0832	0.1743
	(4.06)***	(4.29)***
CBRCDIR		0.0008
		(2.63)***
EBTP*CBRCDIR		-0.0301
		(-2.60)***
LOAN	0.0023	0.0019
	(2.08)**	(1.67)*
PLLP	0.4186	0.4193
	(7.84)***	(7.90)***
BADLOAN	0.0308	0.0325
	(2.04)**	(2.16)**
ΔBADLOAN	0.0142	0.0162
	(1.01)	(1.15)
LCO	0.2144	0.2296
	(3.37)***	(3.61)***
CCAPITAL	0.0001	0.0001
	(2.60)***	(2.39)**
DIRECTOR	-0.0010	0.0062
	(-0.02)	(0.10)
FOREIGN	-0.0059	-0.0051
	(-0.02)	(-0.02)
POST	-0.0018	-0.0018
	(-2.27)**	(-2.28)**
Constant	-0.0009	-0.0029
	(-0.60)	(-1.69)*
Observations	417	417
Adjusted R-squared	0.32	0.33

注：括号内为t值；***、**、*分别表示在1%、5%、10%水平上显著。

主要控制变量的回归结果如下：当期贷款规模LOAN的回归系数显著为正，说明银行贷款规模越大，计提的贷款损失准备越多，进行盈余管理的可能性越大；上期计提的贷款损失准备规模PLLA的回归系数显著为正，说明银行在计提贷款损失准备时会考虑上期计提数额，其盈余管理行为具有历史趋同性；不良贷款规模BADLOAN和不良贷款增长率ΔBADLOAN的回归系数均显著为正，说明不良贷款规模大且增长速度快的银行往往风险较高，其进行盈余管理的动机也更强；LCO的回归系数显著为正，说明在贷款损失准备余额一定的情况下，当期贷款损失准备的净冲销额越多，银行越倾向于进行盈余管理；POST的回归系数显著为负，这与2007年颁布的新会计准则对商业银行盈余平滑行为的抑制作用有关。

五、稳健性检验

为了确保研究结论的可靠性，我们从以下几个角度进行了稳健性检验。

首先，由于早期商业银行的信息披露比较有限，数据难以取得，2004—2006年的样本量特别少，所以我们选择将2006年之前的样本剔除后重新进行回归（见表4)。结果与表3的回归结果基本一致，为假设1提供了支持。

表4 稳健性检验1——剔除2007年之前的样本

EBTP	0.1667
	(4.10)***
CBRCDIR	0.0007
	(2.54)**
EBTP*CBRCDIR	-0.0291
	(-2.50)**
LOAN	0.0024
	(2.09)**
PLLP	0.4295
	(8.02)***
BADLOAN	0.0239
	(1.54)
ΔBADLOAN	0.0127
	(0.88)
LCO	0.2364
	(3.58)***
CCAPITAL	0.0002
	(2.65)***
DIRECTOR	0.0059
	(0.10)
FOREIGN	0.0028
	(0.01)
Constant	-0.0050
	(-3.17)***
Observations	396
Adjusted R-squared	0.32

注：括号内为t值；***、***、*分别表示在1%、5%、10%水平上显著。

其次，在现有样本的基础上，剔除农村商业银行的样本（样本量较少），只保留城市商业银行的样本进行回归，增加样本的同质性（见表5）。回归结果与表3的结果基本保持一致，支持了假设1。

表5 稳健性检验2——剔除农村商业银行

EBTP	0.1891
	（4.56）***
CBRCDIR	0.0011
	（3.59）***
EBTP*CBRCDIR	-0.0406
	（-3.40）***
LOAN	0.0016
	（1.39）
PLLP	0.4726
	（8.35）***
BADLOAN	0.0180
	（1.06）
ΔBADLOAN	0.0089
	（0.61）
LCO	0.2194
	（3.02）***
CCAPITAL	0.0001
	（2.38）**
DIRECTOR	0.0187
	（0.31）
FOREIGN	-0.0071
	（-0.02）
POST	-0.0019
	（-2.38）**
Constant	-0.0034
	（-1.98）**
Observations	372
Adjusted R-squared	0.36

注：括号内为t值；***、**、*分别表示在1%、5%、10%水平上显著。

再次，在模型（1）中加入“地区（省）”和“年度”的固定效应，再次进行回归（见表6）。从回归结果可以看到，在加入两个固定效应后，银监局局长任期与盈余水平的回归系数显著性有所降低，但依旧能够支持假设1。

表6 稳健性检验3——加入固定效应

EBTP	0.1752
	(3.72)***
CBRCDIR	0.0008
	(2.47)**
EBTP*CBRCDIR	-0.0249
	(-1.95)*
LOAN	0.0044
	(2.83)***
PLLP	0.3548
	(6.13)***
BADLOAN	0.0586
	(3.56)***
ΔBADLOAN	0.0281
	(1.97)**
LCO	0.2478
	(3.59)***
CCAPITAL	0.0001
	(2.26)**
DIRECTOR	0.0329
	(0.46)
FOREIGN	-0.1679
	(-0.56)
POST	0.0009
	(0.38)
Constant	-0.0064
	(-2.14)**
Province fixed effects	YES
Year fixed effects	YES
Observations	417
Adjusted R-squared	0.35

注：括号内为t值；***、**、*分别表示在1%、5%、10%水平上显著。

另外，有研究发现，官员任期与企业过度投资之间存在非线性关系，如倒“U”型关系（向杨、徐良果和王勇军，2014）。因此，在模型（1）的基础上对银监局局长任期与盈余质量之间的非线性关系进行检验（见表7）。从回归结果可以看到，银监局局长任期和银行盈余水平交互项的二次项回归系数不显著。因此，可以认为银监局局长任期与商业银行盈余质量之间不存在非线性关系，模型（1）是合理的。

表7 稳健性检验4——线性vs非线性

EBTP	0.1112
	(4.08)***
CBRCDIR	-0.0002
	(-0.95)
CBRCDIR_Square	0.0001
	(2.02)**
EBTP*CBRCDIR_Square	-0.0023
	(-1.57)
LOAN	0.0022
	(1.98)**
PLLP	0.4203
	(7.88)***
BADLOAN	0.0319
	(2.11)**
ΔBADLOAN	0.0146
	(1.03)
LCO	0.2261
	(3.54)***
CCAPITAL	0.0001
	(2.55)**
DIRECTOR	0.0034
	(0.06)
FOREIGN	-0.0004
	(-0.00)
POST	-0.0019
	(-2.37)**
Constant	-0.0012
	(-0.75)
Observations	417
Adjusted R-squared	0.33

注：括号内为t值；***、**、*分别表示在1%、5%、10%水平上显著。

最后，新上任的银监局局长可能存在“洗大澡”的行为，即在上任初期，允许地方商业银行进行更多的盈余管理，随着任期的增加，商业银行的盈余质量变好，就可以将上任初期商业银行盈余质量变差的责任推给银监局前任局长。对此，我们定义一个新的变量FIRST，表示银监局局长变更情况。在银监局局长就任当年取值为2，离任当年取值为1。在模型（1）的基础上，加入FIRST进行回归（见表8）。结果显示，交互变量EBTP*FIRST的回归系数不显著，说明银监局局长变更前一年与后一年的盈余质量无显著差异，即银监局局长不存在“洗大澡”的行为。

表8 稳健性检验5——洗大澡

EBTP	0.0302
	（0.31）
FIRST	-0.0033
	（-1.09）
EBTP*FIRST	0.1264
	（0.93）
LOAN	-0.0079
	（-1.99）*
PLLP	0.5192
	（3.41）***
BADLOAN	0.0831
	（2.24）**
ΔBADLOAN	0.0604
	（1.66）
LCO	0.7920
	（3.71）***
CCAPITAL	0.0004
	（2.00）*
DIRECTOR	0.1879
	（0.74）
FOREIGN	-0.1152
	（-0.41）
POST	-0.0030
	（-1.76）*
Constant	0.0005
	（0.08）
Observations	102
Adjusted R-squared	0.55

注：括号内为t值；***、**、*分别表示在1%、5%、10%水平上显著。

除上述稳健性检验外，我们还进行了其他稳健性检验。如在实证模型中加入更多控制变量（地区生产总值、人口数量、政府官员更替等）、剔除跨区经营的商业银行等，实证结果未发生显著变化。因此，我们认为本文的研究结论是基本稳健和可靠的。

六、进一步研究

银监局局长任期对商业银行的盈余质量具有显著影响，然而，这种影响可能并非是无条件存在的。只有在特定的外部条件下，银监局局长任期才能充分发挥作用。本文将分别从政府干预（宏观视角）和四大审计（微观视角）两个方面对银监局局长任期与商业银行盈余质量之间的关系做深入探讨。

（一）政府干预的影响

为考察在不同政府干预程度下银监局局长任期对商业银行盈余质量的影响，我们采用樊纲等（2011，2016）编制的《中国市场化指数》中的政府与市场关系（Market）指数来衡量银行受政府干预程度。根据Market指数的中位数将样本划分为政府干预程度高和政府干预程度低的两个子样本，然后分别对模型（1）进行回归（见表9）。结果显示，政府干预程度高的银行交互变量EBTP*CBRCDIR的回归系数显著为负，说明相对于政府干预程度低的银行而言，政府干预程度高的银行受银监局局长任期的影响更大。出现这一结果的原因，可能是在政府对市场干预程度较高的地区，市场化程度较低，法律法规建设不健全，银行信息披露机制不完善，商业银行利用贷款损失准备操纵利润的风险较低，更有可能进行盈余管理。

（二）国际四大审计vs非国际四大审计

为考察不同审计师类型对银监局局长任期与商业银行盈余质量关系的影响，我们将样本划分为四大审计和非四大审计两种类型，然后分别对模型（1）进行回归（见表10）。结果显示，由非四大会计师事务所审计的银行交互变量EBTP*CBRCDIR的回归系数显著为负，说明相对于由四大会计师事务所审计的银行而言，由非四大会计师事务所审计的银行受银监局局长任期的影响更大。这表明高质量的外部审计更能在当地银监局局长上任初期约束商业银行的盈余平滑行为，而由非四大会计师事务所审计的商业银行在银监局局长上任初期有更多的空间来进行盈余管理。

表9 政府干预、银监局局长任期与商业银行盈余质量

	政府干预程度高	政府干预程度低
EBTP	0.1497	0.1581
	(3.20)***	(2.14)**
CBRCDIR	0.0008	-0.0002
	(2.49)**	(-0.38)
EBTP*CBRCDIR	-0.0293	0.0053
	(-2.31)**	(0.23)
LOAN	0.0022	0.0000
	(1.54)	(0.02)
PLLP	0.6466	0.2278
	(8.79)***	(2.70)***
BADLOAN	0.0696	0.0440
	(1.49)	(2.41)**
ΔBADLOAN	0.2553	0.0026
	(4.86)***	(0.16)
LCO	0.1256	0.4300
	(1.58)	(4.04)***
CCAPITAL	0.0002	0.0001
	(2.47)**	(0.77)
DIRECTOR	-0.0183	0.1058
	(-0.27)	(1.05)
FOREIGN	-0.0258	0.6050
	(-0.10)	(0.19)
POST	—	-0.0020
	—	(-2.22)**
Constant	-0.0054	-0.0010
	(-3.03)***	(-0.34)
Observations	243	174
Adjusted R-squared	0.41	0.35

注：括号内为t值；***、**、*分别表示在1%、5%、10%水平上显著。

表10 四大审计、银监局局长任期与商业银行盈余质量

	非四大审计	四大审计
EBTP	0.1830	0.1001
	(2.95)***	(1.82)*
CBRCDIR	0.0009	0.0001
	(2.05)**	(0.19)
EBTP*CBRCDIR	-0.0347	-0.0022
	(-2.08)**	(-0.12)
LOAN	0.0035	0.0006
	(1.85)*	(0.50)
PLLP	0.4847	0.1845
	(6.47)***	(2.20)**
BADLOAN	0.0267	0.0326
	(1.36)	(1.07)
ΔBADLOAN	0.0123	0.0351
	(0.67)	(1.33)
LCO	0.1298	0.6000
	(1.56)	(4.75)***
CCAPITAL	0.0002	0.0001
	(1.86)*	(1.18)
DIRECTOR	0.0161	0.0209
	(0.16)	(0.30)
FOREIGN	-1.9784	-0.0220
	(-0.33)	(-0.10)
POST	-0.0018	-0.0025
	(-1.60)	(-2.16)**
Constant	-0.0045	0.0007
	(-1.71)*	(0.31)
Observations	209	206
Adjusted R-squared	0.35	0.21

注：括号内为t值；***、**、*分别表示在1%、5%、10%水平上显著。

七、研究结论

本文研究发现，银监局局长任期越长，所属地商业银行盈余质量越高。进一步研究发现，从银行受政府干预程度来看，受政府干预程度高的商业银行在银监局局长任职初期更有动机进行盈余管理；从审计师类型来看，在银监局局长任职初期，由非四大会计师事务所审计的商业银行更倾向于进行盈余管理。

参考文献

[1] 艾林，曹国华. 商业银行盈余管理与经营绩效 [J]. 管理世界，2013 (11)：174-175.

[2] 卜亚. 基于学习效应与示范效应的银行金融创新监管机制设计 [J]. 华东经济管理，2011 (9)：76-80.

[3] 陈雯靓，吴溪. 我国商业银行的贷款损失准备计提与利润平滑：新会计准则的影响 [J]. 审计研究，2014 (1)：105-112.

[4] 戴德明，张姗姗. 贷款损失准备、盈余管理与商业银行风险管控 [J]. 会计研究，2016 (8)：25-33.

[5] 樊纲，王小鲁，朱恒鹏. 中国市场化指数：各地区市场化相对进程2011年报告 [M]. 北京：经济科学出版社，2011.

[6] 樊纲，王小鲁，余静文. 中国分省份市场化指数报告 (2016) [M]. 北京：社会科学文献出版社，2017。

[7] 傅利平，李永辉. 地方官员晋升竞争、个人特征与企业投资效率——基于我国779家上市公司面板数据的实证分析 [J]. 管理现代化，2015 (2)：40-42.

[8] 干春晖，邹俊，王健. 地方官员任期、企业资源获取与产能过剩 [J]. 中国工业经济，2015 (3)：44-56.

[9] 郭峰，刘冲. 风动还是帆动：银监局局长更替与城商行策略性信息披露 [J]. 金融学季刊，2016 (3)：85-106.

[10] 胡欢欢，吕国柄. 我国商业银行盈余管理行为研究——基于盈余分布模型 [J]. 经营管理者，2010 (6X)：32-32.

[11] 金宏莉，张玮，黄霞. 行业竞争、所有权结构与盈余管理——基于上市银行样本的研究 [J]. 商业经济研究，2016 (10)：179-182.

[12] 江金锁，胡焱鑫. 政府管制、高管薪酬与盈余管理——来自中国上市商业银行的经验证据 [J]. 财政研究，2010 (2)：14-17.

［13］雷光勇，刘茉，王文忠．主政官员更替、不确定性与外资利用［J］．经济与管理研究，2017（3）：24-35.

［14］李后建，张宗益．地方官员任期、腐败与企业研发投入［J］．科学学研究，2014（5）：744-757.

［15］李延喜，陈克兢，姚宏等．基于地区差异视角的外部治理环境与盈余管理关系研究——兼论公司治理的替代保护作用［J］．南开管理评论，2012（4）：89-100.

［16］梁琪，石宁，陈文哲．境外战略投资者是否改变了银行平滑盈余行为——基于我国不同所有权银行的分析［J］．当代经济科学，2012（6）：34-45.

［17］谭之博，周黎安．官员任期与信贷和投资周期［J］．金融研究，2015（6）：80-93.

［18］谢露，王欣，张敏．区域竞争与商业银行的盈余质量——基于我国商业银行的经验证据［J］．金融研究，2016（7）：134-149.

［19］向杨，徐良果，王勇军．官员更替、任职期限与企业过度投资［J］．投资研究，2014（8）：43-60.

［20］王贤彬，徐现祥．地方官员来源、去向、任期与经济增长——来自中国省长省委书记的证据［J］．管理世界，2008（3）：16-26.

［21］武恒光，张龙平．行政干预、高管薪酬与盈余管理——来自银行业的经验证据［J］．山西财经大学学报，2012（8）：41-50.

［22］周黎安．晋升博弈中政府官员的激励与合作——兼论我国地方保护主义和重复建设问题长期存在的原因［J］．经济研究，2004（5）：33-40.

［23］张军，高远．官员任期、异地交流与经济增长——来自省级经验的证据［J］．经济研究，2007（11）：91-103.

［24］张敏，谢露，马黎珺．金融生态环境与商业银行的盈余质量——基于我国商业银行的经验证据［J］．金融研究，2015（5）：117-131.

［25］张蕊，朱建军．官员政治激励与地方财政透明度——基于中国省级面板数据的经验分析［J］．当代财经，2016（1）：29-38.

［26］周黎安，赵鹰妍，李力雄．资源错配与政治周期［J］．金融研究，2013（3）：15-29.

［27］祝继高，王春飞，尤可畅．审计师特征与商业银行贷款损失准备——基于中国城市商业银行的实证研究［J］．审计研究，2015（4）：105-112.

［28］BEATTY A，LIAO S. Financial accounting in the banking industry：A review of the empirical literature［J］. Journal of Accounting and Economics，2014，58（2-3）：339-383.

［29］CORNETT M M，MCNUTT J J，TEHRANIAN H. Corporate governance and earnings management at large U.S. bank holding companies［J］. Journal of Corporate Finance，2009，15（4）：412-430.

［30］KANAGARETNAM K，LOBO G J，MATHIEU R. Managerial Incentives for Income Smoothing through Bank Loan Loss Provisions［J］. Review of Quantitative Finance and Accounting，2003，20（1）：63-80.

［31］KANAGARETNAM K，LIM C Y，LOBO G. Auditor Reputation and Earnings Management：International Evidence from the Banking Industry［J］. Journal of Banking & Finance，2010，34

(10): 2318-2327.

[32] KANAGARETNAM K, LIM C Y, LOBO G. Effects of national culture on earnings quality of banks [J]. Journal of International Business Studies, 2011, 42 (6): 853-874.

[33] KANAGARETNAM K, LIM C Y, LOBO G. Effects of international institutional factors on earnings quality of banks [J]. Journal of Banking & Finance, 2014 (39): 87-106.

[34] LOBO G. Accounting research in banking: A review [J]. China Journal of Accounting Research, 2017, 10 (1): 1-7.

The Tenure of Banking Regulatory Commission Director and Commercial Banks' Earning Quality: Learning Effect or Incentive Weakening?

Abstract Utilizing the sample of 111 commercial banks in China from 2004—2011, this paper examines the impact of the tenure of banking regulatory commission director on commercial banks' earnings quality. We find that commercial banks' earnings quality increases with the tenure of director extends. Moreover, in the beginning stage of director tenure, banks are more likely to management earnings when they bearing more government intervention or employing non-big four auditors. This paper enriches the literature on banks' earnings quality and the economic consequence of official tenure, and has important policy implications for improving the efficiency of financial regulation.

Key Words Commercial bank; Earnings quality; Banking regulatory commission director; Official tenure; Earnings management

第9辑，2019年
No.9，2019
会计与控制评论
Review of Accounting and Control

内部控制缺陷认定标准：现实问题与可能解①

莫冬燕[1]　潘云云[2]　李　瑞[3]

（1. 东北财经大学会计学院/中国内部控制研究中心　大连　116025）
（2. 东北财经大学国际商学院　大连　116025）
（3. 国家税务总局常州市税务局　常州　213000）

摘　要　目前，我国上市公司基于原则导向认定的内部控制缺陷在实务操作中存在一系列问题。本文以2010—2017年沪深A股上市公司为样本，对其披露的内部控制缺陷认定标准进行了分析，发现上市公司普遍存在定量标准缺乏可比性、定性标准存在合理性缺陷、内部控制缺陷严重程度划分标准模糊等问题。本文认为，原则导向的固有局限性是这些问题的主要成因。因此，本文创新性地以内部控制五目标为导向，从财务报告和非财务报告两个层次，构建了目标导向的内部控制缺陷认定标准。与现有标准相比，目标导向的内部控制缺陷认定标准细分更为具体、重点更为突出，不仅能提高内部控制信息披露质量，也能为上市公司内部控制评价提供借鉴。

关键词　内部控制　缺陷认定标准　目标导向

---

① 基金项目：国家自然科学基金项目（71602024）、中国博士后科学基金面上资助项目（2015M571317）、东北财经大学博士后科研项目择优资助项目（BSH201508）。通讯作者：莫冬燕（1984—），女，瑶族，广西金秀人，东北财经大学会计学院讲师，硕士生导师，研究方向：内部控制与会计信息质量；潘云云（1995—），女，新疆博乐人，东北财经大学国际商学院硕士研究生，研究方向：内部控制；李瑞（1994—），女，山西吕梁人，国家税务总局常州市税务局，硕士，研究方向：内部控制缺陷认定。

一、引言

内部控制是上市公司管理活动的重要组成部分，其本质在于控制风险（刘泽海，2016）。由于上市公司风险控制的好坏程度直接影响上市公司的未来发展状况和投资者的回报预期，所以上市公司内部控制日益受到社会的关注。为加强我国上市公司内部控制建设，财政部等五部委先后于2008年、2010年发布了《企业内部控制基本规范》（以下简称《基本规范》）、《企业内部控制评价指引》（以下简称《评价指引》）和《企业内部控制审计指引》（以下简称《审计指引》）。此后，内部控制建设试点工作于2011年展开。至2012年，内部控制规范体系实施范围已扩大至上交所、深交所主板所有上市公司，这些上市公司均被强制要求披露内部控制信息。据统计，2017年，沪、深A股上市公司中有376家上市公司内部控制审计意见为非标准意见，占比2.93%。与之相对应的是，在内部控制建设试点工作展开前的2010年，有25家上市公司的内部控制审计意见为非标准意见，占比1.24%。这表明社会对上市公司内部控制的要求日渐严格。

通过内部控制信息披露机制，社会得以对上市公司内部控制的有效性进行广泛监督（尹律，2016）。其中，内部控制缺陷认定是判断内部控制有效性的关键要素。若不同上市公司的内部控制缺陷认定标准存在差异，则其披露的内部控制信息将缺乏可比性，从而影响社会的有效监督。在我国，由于内部控制体系的构建起步较晚，所以内部控制缺陷认定还有待完善（葛静等，2018）。一方面，由于《企业内部控制配套指引》赋予了上市公司内部控制缺陷认定自由裁量权，所以个别上市公司可能有机会操纵内部控制评价结论，导致内部控制信息披露质量不理想；另一方面，由于我国监管部门尚未给出明确的内部控制缺陷定义、具体的内部控制缺陷认定标准以及行之有效的内部控制缺陷认定程序，所以上市公司在实务操作中会遇到许多问题。

通过对国内外已有相关文献进行梳理发现，国外学者的研究方向主要集中于内部控制缺陷的影响因素和内部控制缺陷的市场反应，而国内学者更关注内部控制缺陷认定标准问题，甚至已有学者尝试从不同角度出发构建内部控制缺陷认定标准的基本框架。但目前我国内部控制缺陷认定标准的研究中，对于包括原则导向、规范导向在内的各种规范思路的选择尚存在分歧。这些规范思路各有利弊，所以如何选择合适的规范思路来提高认定标准的可操作性和可理解性，是一个亟待解决的重要问题。

二、内部控制缺陷认定标准的现实问题

通过剖析沪、深A股上市公司内部控制缺陷认定标准现状，发现内部控制缺陷认定标准主要有三大现实问题，即定量标准缺乏可比性、定性标准存在合理性缺陷、内部控制缺陷严重程度划分标准模糊。

（一）定量标准缺乏可比性

内部控制缺陷认定的定量标准缺陷可比性主要表现在以下4个方面：

1.不同上市公司之间选取的基准指标和重要性水平不同

在实务中，不但存在不同上市公司选取的基准指标不同的情况，还存在选取的基准指标的数量不同的情况，这很大程度上影响了定量标准的可比性。此外，还存在不同上市公司选用的基准指标相同，但选用的重要性水平不同的情况，这也降低了定量标准的可比性。

2.基准数据期间的选择模糊不清

除少数上市公司明确说明其使用的数据为上年度合并财务报表数据以外，其余上市公司或未披露基准数据对应的会计期间，或披露不明确。所以存在有的上市公司以上年度财务报表为基准数据、有的上市公司以本年度财务报表数据为依据、有的上市公司以近几年数据的加权平均值为准的可能性。基准数据期间选择不一致，自然披露的内部控制缺陷不具有可比性。

3.百分比法和绝对金额法相结合判断临界值可能会得出矛盾的结论

例如，在某上市公司的财务报告重大缺陷定量标准中，相对数指标为超过资产总额、营业收入、所有者权益总额、利润总额的5%，绝对数指标为金额大于500万元。那么，假设有一项内部控制缺陷导致错报金额600万元，超过绝对数指标但小于相对数指标，则该缺陷划分为重大缺陷还是重要缺陷存疑。

4.定性、定量标准分类错误

存在有的上市公司根据是否对定期报告披露造成负面影响来区分重大缺陷和重要缺陷，误将潜在负面影响纳入非财务报告定量标准的情况；也存在有的上市公司将监管部门处罚、财务报表更正等类似应归为定量标准的事项划分为定性标准的情况。

（二）定性标准存在合理性缺陷

内部控制缺陷认定的定性标准存在合理性缺陷主要表现在以下4个方面：

1.存在迹象描述完整性缺陷

有的上市公司采用的认定标准较为空泛，例如某上市公司采用的“导致重大的

财产损失”标准未规定具体金额。还有的上市公司采用的认定标准涵盖范围过窄，例如某上市公司在经营效率效果方面仅披露了“生产故障造成停产3天及以上”一条标准。

2.存在标准划分的准确性和一致性缺陷

存在不同上市公司将相同标准分别划分为财务报告定性标准和非财务报告定性标准的情况，例如“决策程序不科学”标准，在2017年沪深A股上市公司中，虽有3 033家上市公司将其划分为非财务报告重大缺陷定性标准，但仍有40家上市公司将其划分为财务报告重大缺陷定性标准。

3.迹象频率不同导致无法有效识别重点迹象

大多上市公司不但仅按《评价指引》和《审计指引》来认定重大缺陷迹象，而且只对其进行简单罗列，以致认定标准较为散乱且缺乏逻辑性框架，对重点迹象关注不足。例如财务报告重大缺陷定性标准中，高管舞弊出现的次数远高于负面新闻，但许多上市公司的认定标准中并未相对强调高管舞弊迹象。

4.部分标准的设定缺乏针对性

多数上市公司直接以《审计指引》和《评价指引》中提出的重大缺陷迹象为准，未结合本上市公司实际情况制定细化标准。例如有的上市公司具有产业链复杂、资本密集的特点，但是其未在项目工程管理、资金管理方面细化内部控制缺陷认定标准。

（三）内部控制缺陷严重程度划分标准模糊

内部控制缺陷严重程度划分标准模糊主要表现在以下4个方面：

1.缺陷严重程度的判断不一致

存在不同上市公司将同一认定缺陷划分为不同严重程度缺陷的情况。例如“更正已公布的财务报表”，在2017年沪深A股上市公司中，有70家上市公司将其划分为财务报告定性重大缺陷认定标准，有2家上市公司将其划分为重要缺陷。

2.缺乏判断严重程度的依据

存在有的上市公司仅披露是否存在重大或重要缺陷的迹象的情况，也存在有的上市公司以不同的程度副词描述定性标准严重程度的现象，即由于缺乏缺陷严重程度的判断依据，各上市公司或不披露缺陷迹象，或以主观判断判定严重程度。

3.部分标准严重程度划分不科学

存在上市公司标准严重程度划分不合理，甚至与现行法律法规相冲突的情况。例如有的上市公司将“销毁、藏匿、随意更改发票、支票等重要原始凭证，造成经济损失”设定为重要缺陷。实际上该行为违反了《会计法》等法律法规，性质十分恶劣，应划分为重大缺陷。

4.不同严重程度的认定标准披露不完整

存在部分上市公司仅披露部分严重程度的认定标准的情况，如有的上市公司仅披露内部控制重大缺陷认定标准，未披露可能导致重要缺陷或一般缺陷的迹象。

三、内部控制缺陷认定标准不足的现实成因：原则导向的局限性

目前上市公司主要基于原则导向对内部控制缺陷进行认定。原则导向内部控制缺陷认定标准通过内控缺陷可能导致的结果进行认定，其主要特点是监管部门进行原则性指导，上市公司拥有自主裁量权（何芳，2016）。由于监管部门仅进行原则性指导，所以现有制度只初步解决了 who（由谁来认定）、where（在哪里认定）、how（如何去认定）的问题（尹律，2016）。实务中，一般由上市公司结合所处环境、风险偏好等因素自主决定内控缺陷的种类及披露的内容，原则导向的局限性由此而生。

首先，原则导向下，管理层集控制权、监督权、执行权于一身，可能会出现隐瞒内部控制缺陷的情况（赵息等，2013）。基于信号理论以及“经济人自利和理性”假设，内部控制缺陷的披露可能会对上市公司产生负面作用，所以上市公司管理层可能会缺乏披露内部控制缺陷的积极性和主动性，甚至会故意模糊缺陷内容和整改方法、弱化缺陷严重程度、隐瞒或规避存在的缺陷（盖地等，2012）。

其次，即便上市公司素质较高，管理层真实地披露了自身内部控制缺陷，其披露的信息的可比性也有待商榷（林斌等，2014）。因为即便是专业人士，对同一缺陷的判定也有可能不同，而原则导向下，定量标准较少，定性标准多以主观判断为主，所以上市公司披露的内部控制信息的可比性较差。

最后，由于我国监管环境比较宽松，尚未建立针对内部控制缺陷披露不完全的惩罚机制，所以现实中上市公司大多照搬准则中的不够细化的原则性规定并且对非强制要求披露的内容能避则避，导致制定的认定标准缺乏系统性和针对性。这不但大大降低了上市公司内部控制自我评价的信用度，也无法有效约束管理层在内部控制信息披露中的机会主义倾向（谭燕等，2016）。所以在我国的现实情况下，不但原则导向的优点没有得到发挥，反而其缺点被放大（吕伟伟，2016）。

四、内部控制缺陷认定标准的可能解：基于目标导向原则构建认定标准

基于上述内部控制缺陷认定标准的现实问题，本文借鉴《评价指引》对内部控制缺陷标准认定所采用的原则导向规范思路，并沿袭已有研究的一些成果，采用目标导向原则，以此构建上市公司内部控制缺陷认定标准。

（一）目标导向的内涵及优势

2003年，美国证券交易委员会（SEC）发布了《基于原则的会计体系进行研究的报告》，该报告创新性地提出了一种尽可能兼顾原则导向和规范导向优点并规避二者缺点的规范思路——目标导向原则。SEC指出该报告的目的为真实、完整地反映上市公司各项经济活动的实质，为信息使用者提供有用信息。由此可知，目标导向原则采用的是决策有用观。故本文认为，沿用到内部控制领域时，可将“目标”理解为内部控制目标，即实现上市公司发展战略、经营效率和效果、财务报告和相关信息真实完整、遵循法律法规和资产安全五大目标。

目标导向原则具有以下优点：一是囊括了原则导向的内涵，具备较广泛的实用性和全局性视角，符合《评价指引》从上市公司整体层面出具内部控制自我评价报告的要求；二是兼顾了规则式规范思路的具体性、全面性，通过适度增加细节信息，使认定标准更具有可理解性和可操作性，为上市公司进一步细化认定标准提供思路；三是由内部控制缺陷的内涵可知，其属于对控制目标的偏离，所以以内部控制五目标为导向，有利于上市公司发现缺陷并采取针对性的整改措施。

此外，结合现实问题可知，实行目标导向原则一方面可以避免采用原则导向导致的上市公司投机行为和信息可比性较差的问题，另一方面也避免了采用规则式认定标准需要建立更为详尽的内部控制缺陷数据库的问题。

（二）构建目标导向的内部控制缺陷认定标准

本文在借鉴《评价指引》和整理有关研究文献的基础上，以内部控制五目标为依据，建立了能够在各上市公司普遍适用的内部控制缺陷认定标准。构建内部控制缺陷认定标准有两个关键点：（1）明确该认定标准使用的原则，这是保证认定标准合理性的前提；（2）明确识别缺陷的方法，这是有效挖掘内部控制中潜在的或已发生的问题的前提。

1.内部控制缺陷的识别思路

本文提出的内部控制缺陷识别思路如图1所示。根据是否已对内部控制目标造

成不利影响，将内部控制缺陷分为两类：已经导致内部控制目标偏离的缺陷和尚未导致内部控制目标偏离的缺陷。对于前者，可直接以其偏离内部控制目标的迹象为突破口将其进行定位；对于后者，可通过测试上市公司内部控制从设计到运行的全过程来查找。

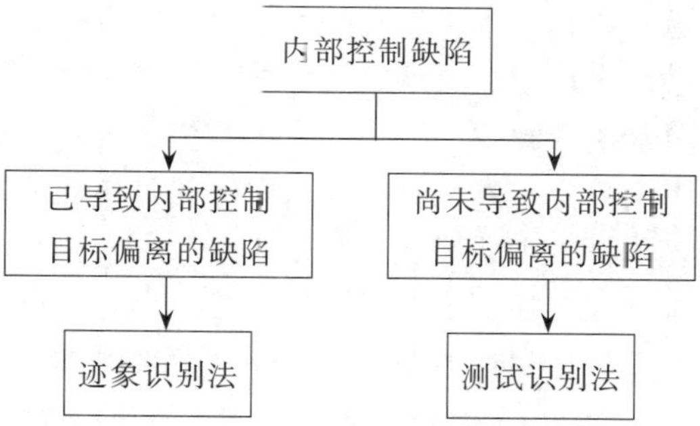

图1　内部控制缺陷识别思路

可以看出，不论采用以上哪种识别方法，都必须明确可能导致内部控制缺陷的迹象，即明确内部控制缺陷的认定标准有哪些。虽然《评价指引》和《审计指引》中列举了一些存在重大缺陷的迹象，一些学者（杨有红和李宇立，2011；陈武朝，2012）也对其进行了补充和完善，但内部控制缺陷迹象仍不够全面、系统。所以，本文为了便于根据内部控制目标的偏离定位到具体业务环节，也为了根据测试结果能够判断该缺陷所影响的目标，采用了分解内部控制目标的方法，来构建较为全面、系统的内部控制缺陷认定标准。

2.基于目标导向原则设定内部控制缺陷认定标准

《基本规范》指出，上市公司内部控制的目标为合理保证上市公司经营管理合法合规、资产安全、财务报告及相关信息真实完整、提高经营效率和效果、促进上市公司实现发展战略。本文以此为导向，结合各上市公司实际情况，从财务报告和非财务报告两方面制定具体指标，构建了内部控制缺陷认定标准。

（1）目标导向的内部控制缺陷认定标准基本框架

韩传模（2009）将上市公司内部控制系统分为目标层、准则层和措施层；张先治等（2011）认为资产安全目标可以与经营效率效果合并为上市公司运营目标；林斌等（2014）将内部控制目标分为战略、经营、基础三大层级。通过参考有关文献，并结合近年来上市公司披露的内部控制自我评价报告的主要形式，本文在构建内部控制缺陷认定标准时将上市公司内部控制系统划分为财务报告和非财务报告两个层面。由于定量标准的衡量依据主要是错报金额或财产损失金额，因此只需确定合理的基准指标即可。而定性标准类型繁杂，具有主观性，相对较难把握，所以无法以基准指标衡量。针对定性、定量标准的不同特点，本文将结合相关政策性文件并兼顾不同上市公司的各自特点来制定定量标准，并从内部控制五目标的角度对表述不完整、覆盖不全面的定性标准进行重构。

其一，财务报告层面包括两个目标，即财务报告及相关信息真实完整目标和资产安全目标。由我国《企业会计准则》可知，信息真实完整主要用来保证会计信息的可靠性，所以本文将该目标归入财务报告层面。由于考虑到上市公司的核心业务活动和会计活动均会直接影响财务报告有关数据，故本文将财务报告层面划分为核心业务活动和会计活动两个层级。资产安全目标则体现在资产的保管和保值上。若资产管理质量差，就可能出现盘亏、毁损、大额减值等现象，这些现象会直接影响财务报表数据，所以本文将资产安全目标并入财务报告层面并在子项业务活动下设资产管理项目来反映该目标实现状况。

其二，非财务报告层面包括三个目标，即战略目标、经营效率效果目标和合法合规目标。其中，①由于战略目标的制定、实施及后续调整环节的有效性都会影响其实施效果（张先治等，2011），且组织架构、社会责任和社会文化等因素也会影响战略目标的合理性（张兆国等，2011），故本文将战略目标分解为目标的制定、实施与调整和其他影响因素两方面，并将组织架构、社会责任、企业文化纳入其他影响因素中。②对于经营效率效果目标，虽然有学者（张先治等，2011；中国企业内部控制指数课题组，2018）采用财务指标对其进行衡量，但由于很难设定统一的财务指标作为所有上市公司的定量指标，所以本文将经营效率效果目标分解为综合财务分析和支持性业务活动两方面，并将其他影响经营活动但不直接影响财务报告的支持性活动纳入其他运营目标中。需要注意的是，此处所指的财务指标应根据已有数据得出，不直接影响报表数据，所以本文将其划分为非财务报告层次。③对于合法合规目标，虽然已有学者（张先治等，2011；张兆国等，2011）从外部监督的角度对其进行评价，但由于违法违规行为可以在一定程度上反映上市公司内控部门的失职，所以本文认为内部监督也会影响合法合规目标的实现。因此，本文将合法合规目标分解成内部监督和外部监督两部分，其中外部监督包括监管机构的监督、注册会计师审计和媒体曝光三个子项。

需要注意的是，由于内部控制五目标存在相互影响的关系，所以为了尽可能全面地覆盖影响上市公司内部控制的因素，本文认为应对一些业务活动进行拆分。如可将直接影响报表合规性的、与会计活动相关的指标划入财务报告可靠性目标，将其他影响合法合规目标的要素一并归入非财务报告层面。

综上所述，本文所构建的目标导向内部控制缺陷认定标准基本框架如图2所示：

（2）财务报告内部控制缺陷认定标准

根据上文所构建的基本框架，本文将以实现财务报告可靠性目标为出发点，详细构建财务报告内部控制缺陷认定标准。

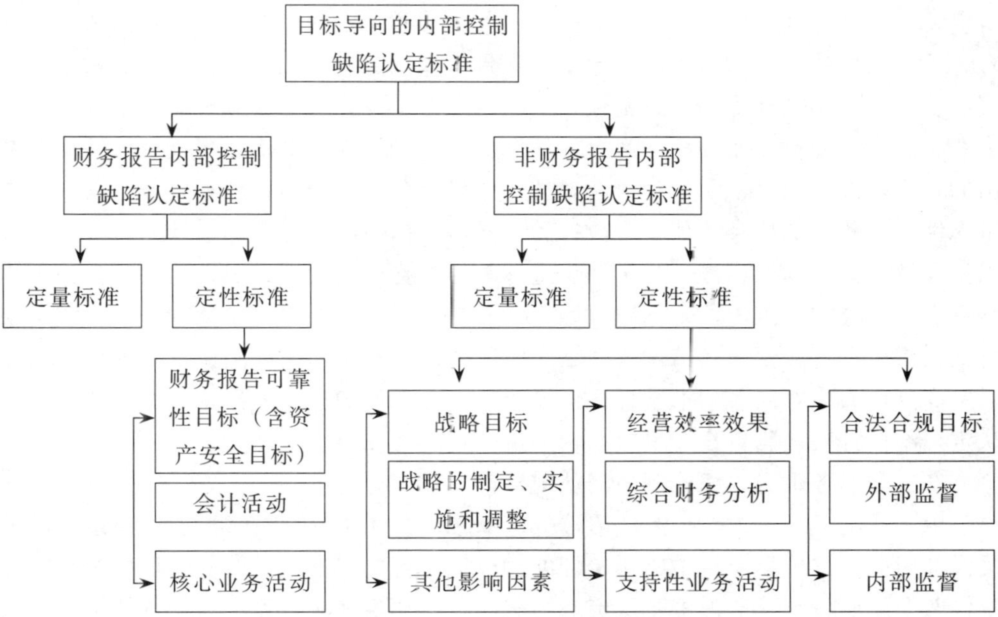

图2 目标导向的内部控制缺陷认定标准基本框架

①定量标准。本文在制定定量标准时，借鉴了学术界和实务界的思路。其中，在实务方面主要参考了审计实务所使用定量标准，即《注册会计师审计准则第1221号——重要性》给出的具体的量化指标。在学术方面，本文主要参考了张立萍（2011）和龙凤姣（2012）提出的量化标准。一方面，由于不同的上市公司具有不同的规模和风险承受度，所以本文采用相对金额法制定财务报告定量标准；另一方面，由于单一指标无法全面覆盖错报事项，所以本文选择了上市公司中使用频率较高、覆盖范围较广的四个基准指标作为基准指标，即资产总额、营业收入、利润总额、所有者权益总额。本文参照《审计准则》，在结合宏观经济状况及上市公司选择百分比指标的情况后，制定了略微保守的关于利润的百分比指标。综上所述，本文构建的财务报告重大缺陷定量标准见表1。

表1 **财务报告内部控制定量标准**

基准指标	重大缺陷	重要缺陷	一般缺陷
资产总额	错报≥资产总额×1%	资产总额×1%＞错报≥资产总额×0.5%	错报＜资产总额×0.5%
营业收入	错报≥营业收入×1%	营业收入×1%＞错报≥营业收入×0.5%	错报＜营业收入×0.5%
利润总额	错报≥利润总额×5%	利润总额×5%＞错报≥利润总额×2.5%	错报＜利润总额×2.5%
所有者权益总额	错报≥所有者权益总额×1%	所有者权益总额×1%＞错报≥所有者权益总额×0.5%	错报＜所有者权益总额×0.5%

②定性标准。由于上市公司的核心业务活动和会计活动会直接影响财务报告内容，所以这两项活动的内控质量与财务报告可靠性息息相关。本文结合上市公司的核心业务活动和会计活动，将定性标准的内控目标设为财务报告可靠性，并将其分为两个层次，即核心业务活动和会计活动。除了直接根据上市公司披露的缺陷归纳出的认定标准之外，本文认为还应补充一些对部分上市公司比较重要、与财务报告可靠性目标相关的标准，如资金被挪用、侵占、抽逃或遭受欺诈等性质恶劣的事件以及涉及会计活动的标准。为了使认定标准具有普遍适用性，本文认为还需列出一些具有上市公司特色的认定标准。如设置资产管理活动缺陷认定标准以针对资本密集型上市公司；设置客户信用管理、应收账款回收等事项的缺陷认定标准以针对以大宗商品作为主要商品的上市公司；设置与无形资产的权属、研发成本相关的缺陷认定标准以针对产品科技含量较高的上市公司。

（3）非财务报告内部控制缺陷认定标准

由于非财务报告内部控制缺陷涉及范围较广，认定标准较难把握，所以上市公司大都照搬《评价指引》中的认定标准，以至于存在上市公司在非财务报告与财务报告两个层面将某一缺陷重复认定的情况。本文立足于战略目标、经营效率效果目标、合法合规目标，制定了与财务报告层面有所区分的、相对细化的非财务报告层面认定标准。

①定量标准。由于非财务报告内部控制量化难度较大，所以王惠芳（2011）、龙凤姣（2012）等建议在非财务报告层面只设定定性标准，不设定定量标准。但考虑到非财务报告内部控制缺陷也可能会带来直接财产损失，例如由于决策程序不科学导致的并购失败，所以本文认为有必要设定一个参照标准来确定这些损失的严重程度。这一标准参照表1财务报告层面的具体临界值设定即可。

②定性标准。由于非财务报告内部控制缺陷主要影响上市公司战略目标、经营效率效果目标和合法合规目标的实现，故本文将以上三个目标设定为非财务报告层次定性标准的内控目标。除了直接根据上市公司所披露的缺陷归纳出的认定标准之外，本文认为还应补充一些对部分上市公司比较重要的、与财务报告可靠性目标相关的非财务报告定性标准。如设定增加产品质量监控的认定标准，以针对产品质量容错率低的上市公司；设定环境保护方面的认定标准，以针对易出现环保问题的上市公司；设定信息系统方面的认定标准，以针对易出现信息系统漏洞的上市公司。

3.定性标准严重程度的评估

内部控制缺陷定性标准需要根据严重程度，进一步划分为重大缺陷、重要缺陷和一般缺陷。虽然定性指标不能量化，但有一些缺陷可以直接从性质上判断其重要性水平。例如关于环境保护的指标，可以参照国家环保事故等级划分；对于违法违规行为，可根据违反法律法规的层级及受到的处罚力度进行划分。

另外，对于既不能量化，也很难根据性质判断严重程度的指标，王惠芳

(2011) 认为可以按照发生的可能性对其进行分类，《评价指引》提到了“严重程度”的分类思路，所以本文认为，可将“可能性”思路和‘严重程度”思路整合，并结合上市公司风险承受度等因素，划分上市公司内控缺陷严重程度。因此，本文将严重程度划分为“高”和“低”两个等级。综上所述，本文构建的定性标准严重程度的划分标准见表2。

表2 内部控制缺陷定性标准严重程度划分

缺陷类型	可能性	严重程度
重大缺陷	很可能	高
	可能	高
重要缺陷	很可能	低
	可能	低
	极小可能	高
一般缺陷	极小可能	低

五、结语

内部控制缺陷认定是内部控制评价与鉴证的关键环节，但当前政策性文件对内部控制缺陷认定的规定却略显单薄，导致出现内部控制缺陷的认定和识别难度较大、上市公司内部控制信息披露质量不高、认定标准缺乏可比性、忽略上市公司特性等问题。究其原因，主要是原则导向内部控制缺陷认定标准的固有局限性。为解决这些问题，本文创新性地以内部控制五目标为导向，从财务报告和非财务报告两个层次，构建了目标导向的内部控制缺陷认定标准。与现有标准相比，目标导向的内部控制缺陷认定标准更为具体细化、重点突出。

参考文献

[1] 陈武朝. 在美上市公司内部控制重大缺陷认定、披露及对我国企业的借鉴 [J]. 审计研究, 2012 (1): 103-109.

[2] 盖地, 盛常艳. 内部控制缺陷及其修正对审计收费的影响——来自中国A股上市公司的

数据［J］. 审计与经济研究，2013（3）：21-27.

［3］葛静，蒋泽娟. 我国上市公司内部控制缺陷认定的困境和解决对策研究［J］. 河北企业，2018（10）：17-18.

［4］韩传模，汪士果. 基于APH的企业内部控制模糊综合评价［C］//中国会计学会. 首届内部控制专题学术研讨会论文集. 北京：中国会计学会，2009：13.

［5］何芳，莫晓钢，高虹. 浅析企业内部控制缺陷的识别与认定［N］. 中国审计报，2016-03-02（008）.

［6］林斌，林东杰，胡为民等. 目标导向的内部控制指数研究［J］. 会计研究，2014（8）：16-24，96.

［7］龙凤姣. 企业内部控制缺陷认定方法探讨［J］. 商业会计，2012（11）：36-37.

［8］吕伟伟. 我国内部控制缺陷认定标准的困境及对策分析［J］. 商业会计，2016（18）：39-41.

［9］刘泽海. 企业内部控制缺陷认定和披露——基于我国汽车制造行业的研究［J］. 江苏第二师范学院学报，2016（10）：87-93.

［10］谭燕，施赟，吴静. 董事会可以随意确定内部控制缺陷定量认定标准吗?——来自A股上市公司的经验证据［J］. 会计研究，2016（10）：70-77，97.

［11］王惠芳. 内部控制缺陷认定：现状、困境及基本框架重构［J］. 会计研究，2011（8）：61-67.

［12］尹律. 绩效公开导向下的内部控制缺陷认定标准披露研究［J］. 审计与经济研究，2016（5）：30-37.

［13］杨有红，李宇立. 内部控制缺陷的识别、认定与报告［J］. 会计研究，2011（3）：76-80.

［14］中国企业内部控制指数课题组. 2017年中国上市公司内部控制指数研究报告［R］. 2018.

［15］张立萍. 内部控制缺陷认定中存在的问题及对策［J］. 中国内部审计，2011（2）：48-49.

［16］赵息，许宁宁. 管理层权力、机会主义动机与内部控制缺陷信息披露［J］. 审计研究，2013（4）：101-109.

［17］张先治，戴文涛. 中国企业内部控制评价系统研究［J］. 审计研究，2011（1）：69-78.

［18］张兆国，张旺峰，杨清香. 目标导向下的内部控制评价体系构建及实证检验［J］. 南开管理评论，2011（1）：148-156.

The Identification Standards for Internal Control Deficiencies: Practical Problems and Possible Solutions

Abstract At present, there are a series of problems in the practical operation of principle-based internal control deficiencies of listed companies in China. This paper takes listed companies from 2010—2017 as samples. After analyzing the disclosure of internal control deficiencies identification standards of these listed companies, we found there are many problems such as lack of comparable quantitative standards, rationality defect of qualitative standard and fuzzy demarcation standard of severity of internal control defects. This paper holds that the inherent limitation of principle orientation is the main cause of these problems. Therefore, this paper innovatively takes the internal control five objectives as the guidance, from the financial report and the non-financial report two levels, constructs the goal-oriented identification standards for internal control deficiencies. Compared with the existing standards, the subdivisions of goal-oriented internal control deficiencies identification standards is more specific and focused, which can not only improve the quality of internal control information disclosure, but also provide reference for the internal control evaluation of listed companies.

Key Words internal control; deficiencies identification standard; goal-oriented

第9辑，2019年
No.9, 2019
会计与控制评论
Review of Accounting and Control

中央企业并购重组是因势利导还是自我需要？①

徐浩然

（中国政法大学商学院 北京 100088）

摘 要 在中国经济转型升级的大背景下，本文解释并概括了中央企业并购重组的背景、发展状况、存在问题及相关对策。本文通过阐述央企重组在各阶段的特征，基于不同行业与不同报表的差异，结合央企并购前后绩效指数的变化趋势，以舞弊三角理论为基础，重点从合并会计方法选择与合并报表公信力的视角，深入分析了央企积极参与并购重组的动因。针对在新一轮重组浪潮中的突出问题，本文基于央企的双重性，从政府和央企的角度提出了具有中国特色的央企并购重组政策建议。

关键词 并购重组 并购绩效指数 合并报表 中央企业

2003年，国务院国有资产监督管理委员会成立，中央企业②（简称“央企”）通过大规模的重组整合和相关政策与资源的倾斜，逐渐摆脱了20世纪90年代的困境，其实力呈现迅猛增长的态势。2008年，金融危机爆发，全球需求大幅下降，中国出口压力骤增，央企也因此集中了大量过剩产能。在新常态下，面对错综复杂的国际、国内经济形势，新一届政府提出供给侧结构性改革和“一带一路”倡议，

① 通讯作者：徐浩然（1996—），男，汉族，辽宁大连人，中国政法大学商学院，产业经济学硕士生，研究方向：产业经济与产业政策，产业组织与政府规制。
② 本文研究的央企是狭义的央企，即国务院下属国资委监督管理的企业。

希望以此为契机面向国际市场，做大做强国有企业。2014年，随着供给侧结构性改革和“一带一路”倡议的不断深化，央企作为国民经济的重要组成部分和中国经济转型的最为重要的力量，其作用备受关注。2015年，中国南车、中国北车的合并更是引发了国内各界对央企大规模资产整合的普遍期待与关注。本文在参考大量文献资料的基础上，仅就央企并购重组[①]在中国发展状况、突出问题及相应对策方面提出几点尚不成熟的见解。

一、引言

目前，国际市场竞争日趋激烈，新一轮的全球范围内资本集中和垄断趋势也在进一步加剧。在跨国资本的竞争中，面对实力雄厚的跨国企业，实力较弱的国内企业往往处于弱势地位，甚至有可能成为跨国企业的并购对象。在这种情况下，新一届的中央政府提出了供给侧结构性改革和“一带一路”倡议，希望通过充分发挥社会主义制度“集中力量办大事”的优势，依托央企这一强大载体，加速国内资本的集中和积累，推动重点行业和重点企业的并购重组与迅速扩张，加快推进产业结构调整和创新驱动发展模式的转变，内外联动，在全球化条件下形成参与国际竞争的新优势。

（一）央企并购重组是供给侧结构性改革的新动力

在新常态下，面对错综复杂的经济形势和经济结构升级的双重压力，新一届政府加大了对央企重组的力度，通过“三去一降一补”的方式，推动央企并购重组成为新常态下经济发展的新型核心动力。

2014年5月8日，国务院批转国家发改委《关于2015年深化经济体制改革重点工作的建议》明确指出，将国有企业改革定位为2015年的第二项重点任务，并且提出了“1+15国企改革体系”“制定央企重组与结构调整方案”等一系列新提法[②]。下一步，国企的投资重点将由“以重化工领域为主”转变为“以国家战略需要、央企有优势的产业和战略性新兴产业为主”，同时加大对长期亏损和资不抵债的低效无效资产的处置力度，解决国企普遍面临的产业结构偏重的问题。2015年12月29日，国务院国资委联合财政部、国家发改委发布《关于国有企业功能界定与分类的指导意见》指出，将国企依据主营与核心业务划分为商业类和公益类[③]，并鼓励央企依据行业分类进行强强联合、兼并重组或者产业链重组，最终达到“分类改革、

① 本文将并购重组等同于企业合并，除特殊注明外，不作区分，“并购重组”“企业合并”“重组整合”“合并重组”交替使用。

② 中国总会计师协会. 国企改革“1+15”体系首次亮相重组潮将再现［J］. 中国总会计师，2015（5）：13.

③ 国务院国资委. 关于国有企业功能界定与分类的指导意见［EB/OL］.［2015-12-29］. http：//www.sasac.gov.cn/n2588035/n2588320/n2588335/c4258285/content.html.

分类发展、分类监管、分类考核、分类定责”的目标，促使央企与社会主义市场经济深度融合。

（二）央企并购重组是“一带一路”倡议的核心竞争力

作为中国的“超级规划”和国家战略，“一带一路”倡议对中国企业的国际化经营能力提出了更高的要求。“一带一路”倡议具有建设周期长和资本需求大的特点，而中国企业未来竞争与经营要面向国外，直接与国外一流的成熟企业开展业务往来，这就要求中国企业在经济规模上达到一定级别。2017年中国企业500强前10名见表1，从综合排名前十的跨国企业来看，央企仍占据明显的主导地位。但是，与国外大型的跨国公司相比，央企自身规模过小，并且在国际市场上同行业央企经常进行内部竞争、无序竞争和恶性竞争。因此，对于在大部分行业依然相对分散的央企，需要整体规划与协同作战，才能在国际市场上有话语权和竞争力。

表1　2017年按不同行业排序的中国企业500强前10名

排名	综合榜	制造业	服务业
1	国家电网公司	中国石油化工集团公司	国家电网公司
2	中国石油化工集团公司	上海汽车集团股份有限公司	中国工商银行
3	中国石油天然气集团公司	东风汽车公司	中国建设银行
4	中国工商银行	华为投资控股有限公司	中国农业银行
5	中国建筑股份有限公司	中国兵器装备集团公司	中国平安保险集团公司
6	中国建设银行	中国五矿集团公司	中国银行
7	中国农业银行	中国第一汽车集团公司	中国移动通信集团公司
8	中国平安保险集团公司	中国兵器工业集团公司	中国人寿保险集团公司
9	上海汽车集团股份有限公司	北京汽车集团有限公司	国家开发银行
10	中国银行	山东魏桥创业集团有限公司	华润集团有限公司

图表来源：作者根据WIND数据库的相关资料整理而来。

（三）央企并购重组是其自身发展的必然需求

央企在各自的行业和市场上，并非都是处于龙头地位，又由于其大部分资产集中在资源性行业和重化工行业，大多存在产能过剩、生产经营分散等问题。部分央企甚至连年亏损，且亏损额呈大幅增长态势。

中央政府引导央企兼并重组往往体现出全局性与社会性。一方面，为了避免从属于不同行政部门的央企恶性竞争，国资委按照“从优原则”，通过兼并重组进一步对产业结构转型升级，实现资源的整合与扩张，最终做大做强央企，使之成为同行业的龙头企业；另一方面，央企之间的兼并重组成本较低，可以使生产经营上下游的业务形成完整的产业链，扩大央企经营规模，提高自身竞争力，从而实现央企自身的进一步发展。

二、央企并购重组的主要理论

央企合并的主要目的是实现规模经济和多元化经营，在获得更大市场影响力的同时，救济经营不善的企业，降低经营风险，提高央企效率，最终实现“1+1>2”的协同效应和规模效应。本文运用效率协同理论、有效市场假说和舞弊三角理论，进一步阐述央企重组的目的和存在问题的原因。

（一）协同效率理论

协同效率理论认为，企业合并双方的效率提高均可改善合并企业的绩效，其原因可以归结为经营、管理、财务上的协同效应。

1.经营上的协同效应

在横向并购时，多为来自相同行业的企业基于经营协同效应实施并购，从而形成规模经济；在纵向并购时，经营上的协同主要是为减少生产经营中沟通、谈判的交易成本，从而达到节约资源的目的；在混合并购时，经营上的协同主要是为了缓解投资不足的问题。

2.管理上的协同效应

管理上的协同，一般认为是通过企业合并，提高被合并企业的管理效率，使合并后的企业管理效率高于被合并企业。

3.财务上的协同效应

财务上的协同是指通过企业合并降低内部融资成本。一般来说，拥有好的投资机会却缺乏内部资金的企业，可以与内部现金流充足却缺乏投资机会的企业合并，这在一定程度上降低了内部融资成本。

资源配置的优化重组是企业合并的本质功能，而央企并购重组正是根据协同效应原理，通过企业合并形成大规模的企业或者集团企业，从而使资源配置效率大于合并前各个企业之和，即合并所产生的经济收益大于各项成本支出。

（二）有效市场假说理论

有效市场假说是由Paul Samuelson（1965）、Fama（1965、1969）等提出的，Fama（1970）对其进行了全面深入的阐释。如果资产的现有市场价格能够及时、准确地反映有价值的信息，则说明市场是有效的。可进一步将有效市场假说分为三类，即“弱势有效性”“半强势有效性”和“强势有效性”。一般认为，在有效市场假说下，选择不同的企业合并会计方法不会影响企业的价值。当然，有效资本市场是有前提条件的，即在完全竞争市场中，投资者既对信息的收集和处理没有成本，又没有交易成本，价格才能准确、及时、充分地反映所有相关信息。

学术界对于会计政策是否影响企业的价值这一问题，分为两派：一派为机械假说学派，认为股票价格与会计盈利存在着一种机械关系，不同的会计政策会产生不同的会计利润，从而通过会计报表影响股票价格；另一派为无效应假说学派，认为会计政策的选择与股票价格无必然联系，不会改变经济实质，管理者没有必要通过会计政策的变更来粉饰业绩。

由于不能确定中国是否已经处于“半强势有效”的资本市场，本文将采用机械假说学派的理论，认为《企业会计准则第20号——企业合并》（简称CAS20）规定的企业合并的会计方法会影响企业未来现金流，从而影响投资者对于企业价值的判断。

（三）舞弊三角理论

早在20世纪50年代，美国内部审计之父索伦斯·索耶就提出了舞弊产生的三个条件，即异常需要、机会和合乎情理。美国注册舞弊审核师协会（ACFE）创始人Stave Albrecht（1995）在索伦斯·索耶理论的基础上，进一步归纳总结：财务舞弊主要由压力、机会和合理化理由三要素共同产生①（如图1所示）。这三个要素也构成了美国反舞弊准则（SAS No.99）中企业舞弊产生的主要条件。

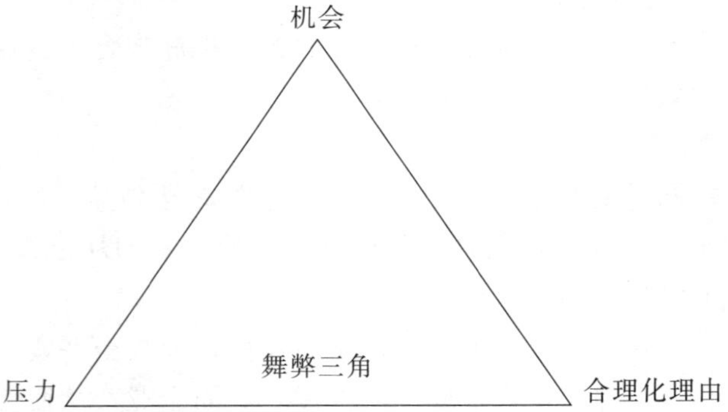

图1　舞弊三角理论

压力是企业舞弊的动机所在，刺激企业为自身利益而进行会计舞弊的压力主要有四类：经济压力、工作压力、恶癖压力和其他压力。

机会主要是指企业通过掩盖以防被惩罚而进行会计舞弊的时机。形成舞弊的机

① 金铎．舞弊三角理论浅析［J］．时代金融，2016（8）：193，203．

会主要有六种情况：企业舞弊相关的内部控制存在漏洞；缺乏工作质量的判定标准；缺乏有力的惩罚措施；信息不对称；专业胜任能力不足；企业审计制度不健全。

合理化理由又称自我合理化，即舞弊者通过找出一个理由，使舞弊行为与行为准则、价值观念相吻合，无论这一解释是否真正的合理。

企业舞弊的产生既有主观条件导致的，又有客观条件导致的；既有思想性因素，又有技术性因素。总而言之，压力、机会和合理化理由三者缺一不可，缺少任何一种要素都不可能形成真正的企业舞弊。

三、央企并购重组的绩效评价及主要问题

在回顾央企合并的前三次浪潮的基础上，本文通过建立央企并购绩效体系，分行业计算2014年以来12起央企并购绩效指数，综合分析2014年至今的第四次合并浪潮，阐述现阶段央企并购的主要问题。

（一）央企并购重组的阶段特征

为了梳理政府与企业的关系，在第四次合并浪潮中进一步焕发央企活力，本文回顾了1978—2018年这40年间，中国国有企业重组整合经历的极具改革色彩的五个不同阶段，并总结了各发展阶段的主要特征，具体见表2。

表2 央企重组整合的发展历程

阶段		时间	阶段特征
起步阶段	探索初期	1978—1988年	扩大企业自主权
	运行期	1988—1998年	所有权与经营权分离
	调整期	1998—2003年	深化产权改革
第一次重组浪潮		2003—2006年	自救式重组整合
第二次重组浪潮		2006—2010年	以大吃小、以优吃劣
第三次重组浪潮		2010—2014年	数量服从质量
第四次重组新浪潮		2014—2018年	面向国际，强强联合

图表来源：根据公开资料制作而成。

1.起步阶段：1978—2003年

（1）1978—1988年是扩大国企自主权的探索阶段。这个阶段的改革主要是围绕着如何处理好国家和国企关系而展开，具体表现为中央与地方针对所辖企业的行

政权力进行上收与下放、集权与放权的转换。这一阶段虽然在梳理国家与国企之间的关系上做出了积极探索，但政府管理国企的职责不清，某些国企仍然依靠上级主管部门的命令生产经营，没有企业自主性与积极性。

（2）1988—1998年是国有资产管理机构运行时期。这个阶段的国有企业改革逐渐深化到产权层面，即采取了“税利分流”“授权经营”“股份制”等一系列改革措施。虽然1988年成立的国家国有资产管理局为国有企业改革做了大量的基础性工作，但是企业所有权依然在上级主管部门手中，计划经济思维依然存在，企业生产效率低下且缺乏创造力。

（3）1998—2003年是国有资产管理体制的调整期。该时期基本实现国有大中型企业3年脱贫目标，中央利用“壮士断腕式”的行政手段强制淘汰落后产能，初步缓解了国有企业产能过剩的压力，国有企业股份制改革和现代企业制度建设也稳步推进中。但是由于进一步放权后缺乏相关配套的约束机制，仍存在“头疼医头、脚痛医脚”的问题。

2.第一次合并浪潮：2003—2006年

2003年国资委的成立及国务院相关法规的陆续出台，进一步明确了国资委作为出资人主导央企战略调整方向，标志着国有资产产权改革迈出了关键性一步，实现了真正意义上的所有权与经营权的分离。在这一时期，以民企为代表的非公有制经济繁荣发展，各种形式的并购重组活动接踵而至。2003年4月，国资委成立后的首次重组——中国药材与中国医药集团合并，拉开了央企整合的序幕，同年7月份，国资委展开了中煤建设并入中煤能源、中国科学器材进出口总公司并入中国生物技术集团等五起重组合并。自此以后，央企重组的规模不断提升，数量逐渐增多，开展了包括中国建筑在内的38家央企的重组整合。

3.第二次合并浪潮：2006—2010年

针对央企所涉行业过宽、部分企业主业不明、资源配置不合理、经营效率不高等一系列问题，国资委以核定主业和推进联合重组为主线，加大了对央企兼并重组活动的政策干预，先后分七次核定并公布了153家央企的主业，主要通过“以大吃小”与“以优吃劣”的方式积极推进央企的联合重组，先后有99家中央企业进行了49次重组，基本实现了央企80%以上的国有资本在军工、能源、交通等关系民生和安全的战略性关键领域的集中。随着《关于企业重组业务企业所得税处理若干问题的通知》和《关于中央企业国有产权协议转让有关事项的通知》的相继出台，央企更加积极主动地参与兼并重组的活动中。这一时期，虽然央企的规模迅速扩大，但是央企“大而不强”的特点越发突出，很难体现央企所在行业的核心竞争力和做大做强央企的真正意义。

4.第三次合并浪潮：2010—2014年

2008年金融危机爆发以来，海外央企的经营环境受到了前所未有的冲击，央企的利润同比下降了近30%。由于全球范围内的经济不景气，中国政府出台了以财政投资四万亿元为核心的一揽子经济刺激计划，主要引导央企将资金用于灾区基础设施建设方面，而用于支持企业自主创新和技术改造升级的资金仅占9.9%。随着中国经济在全球经济中的强势复苏，央企发展的阶段性特征逐渐褪去，摆在央企面前的任务是经营模式和结构需要得到切实的改变。国资委对央企重组的工作进行了调整，提出“数量服从质量”，在规模上取得成功的基础上，还要求央企练好“内功”。2010年12月22日，国新控股公司成立，旨在为央企提供重组平台加快整合速度，注重央企制度体系和公司“智”理建设，加强央企以创新驱动发展模式提高企业的核心竞争力。

5.第四次合并新浪潮：2014—2018年

随着2013年习近平主席对“一带一路”倡议的提出，央企重组整合的速度明显加快。2014年11月，亚洲基础设施投资银行和丝路基金应运而生。由于“一带一路”沿线国家大多为发展中国家，经济处于城市化起步或初级阶段，自然资源丰富，市场前景广阔，但是建设资金短缺，基础设施落后。基础能源开发和基础设施建设作为央企的优势产业，在一定程度上缓解了金融危机导致的发达国家需求相对萎缩，通过与“一带一路”沿线国家形成战略对接，优势互补，共同发展。2014年11月成立的国务院国有企业改革领导小组，明确央企重组改革以国资委为主导，协调发改委、工信部、财政部、中国人民银行等多个部门，聚焦改革中的重点难点问题，进一步加快央企之间的强强联合，面向国际国内两个市场，积极推进央企融入“一带一路”国家战略中①。

2015年5月18日，国务院批转国家发改委《关于2015年深化经济体制改革重点工作的意见》，出台“深化中国国有企业和国有资产体制机制改革”等一系列指导意见和配套措施，明确央企结构调整与重组方案，充分发挥市场机制，根据市场规律和企业自身意愿，推动国有资本运营和投资公司的试点，加快推进国有资本流动重组，为央企强强联合创造有利条件，以实现央企长足发展和资源合理配置的双重目标②。2015年，中国南车、中国北车合并重组为中国中车，中国电力与国家核电合并成立国家电力；2016年，宝钢和武钢整合成宝武集团，中纺并入中粮集团。这一系列央企整合行动，使央企合并重组又掀起了一个小高潮，截至2018年4月，央企的数量已降至97家。

（二）央企并购重组的绩效分析

伴随着2014年新一轮大范围的央企重组，本文通过建立央企重组综合绩效评

① 曹煦．谁在主导央企重组［J］．中国经济周刊，2015（20）：44-47，88．
② 国务院．关于2015年深化经济体制改革重点工作的意见［EB/OL］．［2015-05-18］．http：//www.gov.cn/zhengce/content/2015-05/18/content_9779.htm．

价体系，按照国家统计局对于国民经济行业的分类，将2013年12月31日至2017年12月31日发生的12起央企并购重组，划分为机械制造、冶金等七个行业，综合分析第四次浪潮的央企并购绩效，观察依据不同行业、不同报表并购前后的绩效变化，客观评价央企并购的绩效。

1.中央企业重组的绩效体系

央企并购绩效指数在本文中定义为综合反映央企在并购重组过程中的综合绩效指数。央企并购绩效指数属于多个总量指标的合成指标，包含了盈利能力、抗风险能力、资产管理能力、未来成长潜力等指标，是一个正指标。央企并购绩效指数的构想是从央企绩效评价体系出发的，因此在空间上暂时只适用于央企，对于其他类型企业是否适用还有待进一步研究。在编制央企并购绩效指数的过程中，采用的数据主要来源于国泰安CSMAR数据库，参考历年A股上市央企的季报、半年报和年报。

央企并购绩效指数的建立有助于将央企并购重组涉及的各个财务领域量化，从而将复杂的绩效组成部分层次化、清晰化。一来可以帮助政府及有关部门优化央企并购绩效的考评体系，二来可以比较客观地反映央企并购重组的经济实质，对央企并购绩效的研究有所帮助，使得评价央企并购的绩效变得有规可依。

（1）中央企业并购重组绩效指数建立

为了便于直观理解央企并购绩效指数，本文根据定义给出了CEMAPI的数学结构表达式：

$$CEMAPI_t = \sum_{i}^{n} w_{it} X_{it} \quad \text{式（1）}$$

在式（1）中，$CEMAPI_t$为在第t时间点的央企并购绩效指数，X_{it}代表构成$CEMAPI_t$的第i个变量，w_{it}为该变量所对应的权重。为了便于理解，本文通过调整基期将$CEMAPI_t$调整为0～100之间的值，方法是将计算得出的指数除以最大指数值，并乘以100。

（2）变量选取与数据来源

根据协同效率理论，参考华静森（2016）建立的央企并购绩效评价体系，将央企并购绩效划分4个一级指标——盈利能力、抵御风险能力、资产管理和规模、经营增长，并有15个下属二级指标①。因此，本文在此基础上决定以盈利能力、抗风险能力、资产管理能力、未来成长潜力为一级指标，然后根据中央“管资本”的最新转变，增加相应的财务指标，细分20个较为详细的二级指标，其中二级指标选取见表3。

① 华静森. 中央企业重组绩效研究——以Z公司重组为例［D］. 南京：南京理工大学，2017.

表3 央企并购绩效指数体系

总体指标	一级指标	二级指标
央企并购绩效指数	盈利能力	经济增加值率 U_1
		总资产利润率 U_2
		股东权益报酬率 U_3
		主营业务利润率 U_4
		销售利润率 U_5
	抗风险能力	资产负债率 U_6
		流动比率 U_7
		速动比率 U_8
		现金比率 U_9
		利息保障倍数 U_{10}
	资产管理能力	总资产周转率 U_{11}
		应收账款周转率 U_{12}
		现金周转率 U_{13}
		流动资产周转率 U_{14}
		存货周转率 U_{15}
	未来成长潜力	总资产增长率 U_{16}
		主营业务增长率 U_{17}
		净利润增长率 U_{18}
		市盈率 U_{19}
		可持续增产率 U_{20}

图表来源：根据公开资料制作而成。

本文所有的数据来源于国泰安CSMAR数据库，选取2013年12月31日至2017年12月31日90家A股上市央企的季报、半年报和年报，以2017年12月31日的年报为基准，建立了央企并购绩效指数体系。

（3）权重计算与设定

在建立央企并购绩效指数时，各二级指标对总目标指数的贡献不同，所以要根据指标影响的大小分别赋予不同的权重，影响央企并购绩效较大的指标，也是近些年变化幅度较大的指标。熵权系数法根据指标的相对变化程度对整体的影响来决定指标的权重，避免了人为主观确定权重而导致主观性过强造成的困扰。本文以90家不同行业的上市央企为样本，单位指标的时间序列数据较多，并且指标的变动很小或者并未突然变大变小，能够较为客观准确地设定权重的大小。因此，本文采用熵权系数法确定各指标的权重。

假设有m个评价样本，n项评价指标，则用评价矩阵$[Y]=\{y_{ij}\}_{m\times n}$表示，其中第j项指标的权重计算公式为：

$$E_j = -(\ln m)^{-1}\sum_{i=1}^{n} y_{ij}\ln y_{ij}$$　式（2）

$$w_j = \frac{1 - E_j}{\sum_{i=1}^{n}(1 - E_j)}$$　式（3）

在式（2）、式（3）中，E_j为指标的输出熵，w_j为指标的权重。

根据熵权系数法，由于合并报表净利润和母公司报表的净利润之间的差异随着新会计准则颁布逐渐拉大，对于企业集团的业绩考评产生了较大的影响①。而相较于合并报表，母公司报表在预测企业经营状况和偿债能力方面可以提供较多的增量信息，一定程度上弥补了合并报表的不足②。因此，本文分别按照合并报表和母公司报表的财务指标计算权重，二者取平均值，以此减少二者之间的误差，确定较为客观的各二级指标权重，计算结果见表4。

表4　**央企并购绩效指数二级指标权重**

总体指标	一级指标	二级指标	权重
央企并购绩效指数	盈利能力 35.4%	经济增加值率 U_1	9.62%
		总资产利润率 U_2	8.91%
		股东权益报酬率 U_3	8.32%
		主营业务利润率 U_4	3.73%
		销售利润率 U_5	4.82%
	抗风险能力 28.5%	资产负债率 U_6	7.10%
		流动比率 U_7	5.62%
		速动比率 U_8	5.23%
		现金比率 U_9	4.38%
		利息保障倍数 U_{10}	6.17%
	资产管理能力 18.5%	总资产周转率 U_{11}	3.21%
		应收账款周转率 U_{12}	6.03%
		现金周转率 U_{13}	2.04%
		流动资产周转率 U_{14}	4.21%
		存货周转率 U_{15}	3.01%
	未来成长潜力 17.6%	总资产增长率 U_{16}	5.18%
		主营业务增长率 U_{17}	3.15%
		净利润增长率 U_{18}	2.27%
		市盈率 U_{19}	3.21%
		可持续增长率 U_{20}	3.79%
总计	100%		100%

图表来源：根据公开资料制作而成。

① 陆正飞，张会丽. 新会计准则下利润信息的合理使用——合并报表净利润与母公司报表净利润之选择［J］. 会计研究，2010（4）：7-12，95.

② 戴德明，毛新述，姚淑瑜. 合并报表与母公司报表的有用性：理论分析与经验检验［J］. 会计研究，2006（10）：10-17，95.

2.2014—2017年不同行业的央企并购前后绩效分析

根据建立的央企并购绩效指数，选取附表1中2013年12月31日至2017年12月31日涉及并购重组的集团公司所属58家A股上市央企的季报，将发生重组合并的央企按照行业划分为机械制造、冶金、水运等七个行业，分别按照合并报表和母公司报表计算各行业的央企并购绩效指数，具体指数见附表2和附表3，趋势图如图2—图8所示。

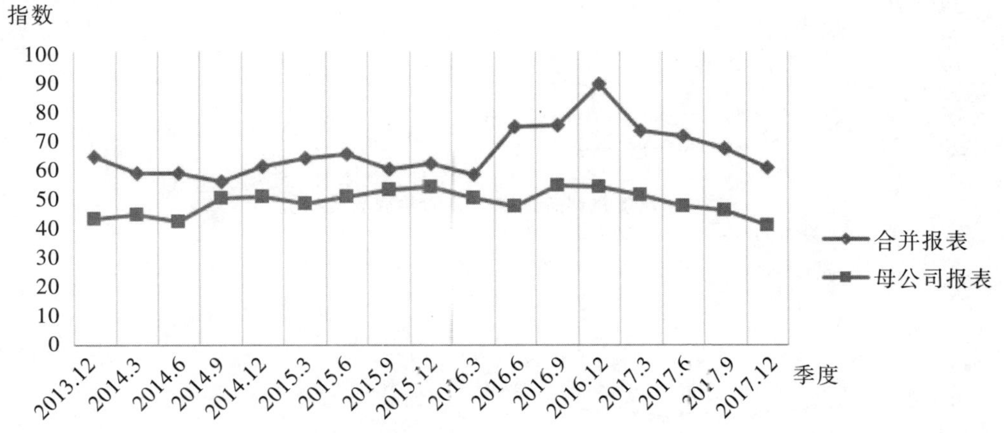

图2 机械制造行业的并购绩效指数

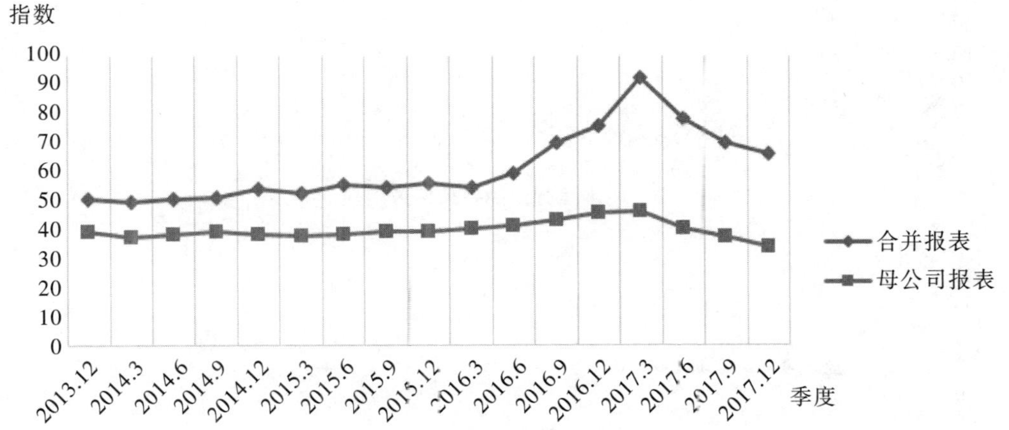

图3 冶金行业的并购绩效指数

（三）央企并购重组的主要问题

通过回顾央企并购发展阶段和综合央企并购绩效指数，从盈利能力、抗风险能力、资产管理能力和成长能力等角度，进一步根据附表1的并购时点和图2~图8的各行业并购指数趋势，分行业、分报表详细的分析和总结，本文发现央企并购重组具有以下主要问题：

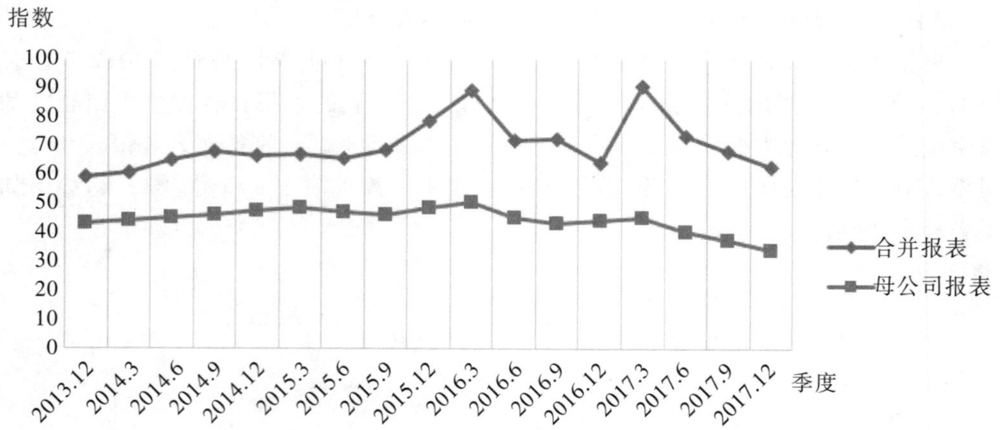

图4 建筑材料房地产行业的并购绩效指数

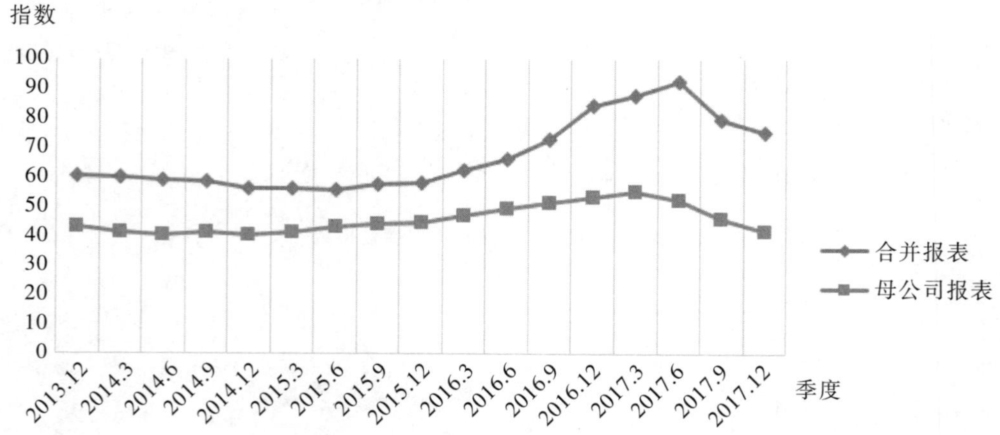

图5 水运行业的并购绩效指数

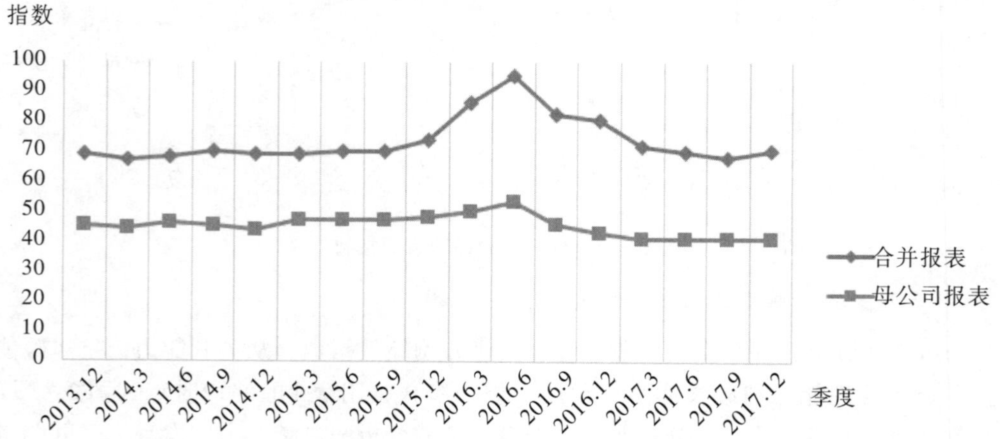

图6 电力行业的并购绩效指数

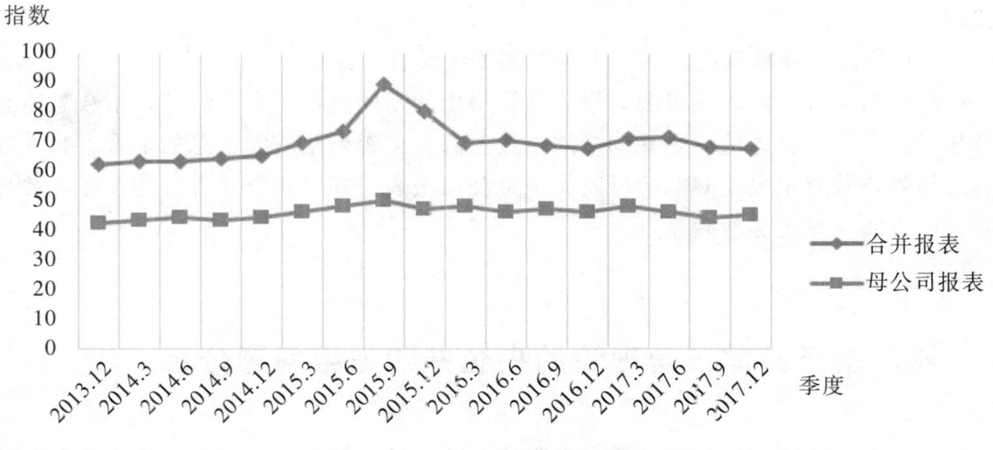

图7 纺织行业的并购绩效指数

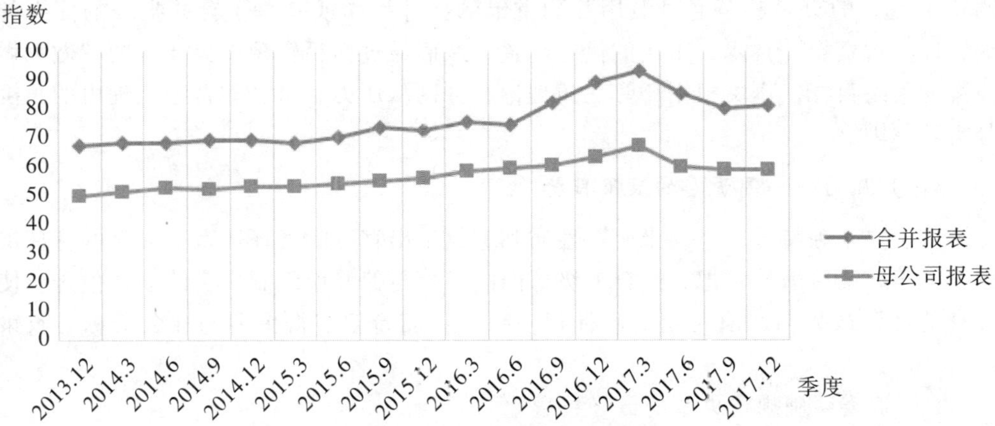

图8 旅游行业的并购绩效指数

1.从并购行为上来看，央企并购重组具有一定的盲从性，缺乏自主性

一直以来，中国推进央企的重组整合是以政府主导为主要手段。国资委为了追求央企规模和重组速度，甚至曾经硬性规定了重组数量，使并购重组变成了硬性的行政指标和政治任务，导致央企的数量逐渐减少，但是体积却越来越大。这种扩张多发生在与央企主业不相关且产能过剩的行业，创新空间不足，偏离了国资委通过并购重组实现做大做强央企的最终目标。

2.从并购绩效结果来看，央企并购重组对自身绩效具有一定的阶段性

从不同行业来看，央企通过并购重组并没有实现持续的协同效应与规模效应。参照以经济增加值率、总资产利润率、股东权益报酬率为主要代表的央企并购绩效指数，可知央企并购重组仅对合并半年之后的绩效指数产生一段时间的正向影响，随后绩效指数回归原有状态，甚至存在下行压力。本质上，央企并购前后并未彻底改善央企的整体绩效，并未实现真正意义上的经营、财务、管理上的

协同。

3.从不同的计数基础上看，央企并购重组具有差异性

尽管根据合并报表或母公司报表计算得出的不同行业央企并购绩效指数总体趋势相近，但是从具体的央企并购绩效指数上看，二者差距较大。总的来看，合并报表的绩效指数对于央企并购的反映大于母公司报表，并且与合并方式的选择和被合并方的真实状况无必然联系。

四、基于舞弊三角理论的央企并购重组问题分析

尽管央企并购前后的绩效并未出现持久的增长，但是大部分央企仍然热衷于并购重组，有的央企甚至通过滥用并购重组的会计操作或者基于合并报表的固有弊端，以实现资金、技术、市场的优化配置，从而通过捷径实现中央要求的“做大做强”的最终目标。本文根据舞弊三角理论，分别从压力、机会和合理化理由的角度分析其原因。

（一）压力——国资委的政策目标

由于央企独特的“半官半企”性质和“数字出官”的考评体系，央企的管理层往往出于政治待遇的考虑，迎合上级部门的目标与偏好而编制失实的会计报告，使自身的经营成果与政府制定的目标相一致，从而希望获得更多的社会资源与政策倾斜。

1.国资委明确规定央企的最终数量

自2003年以来，国资委就将央企重组整合列为其工作的重中之重。按照党中央和国务院的整体部署，国资委严格要求中央企业必须进入所在行业的前三名，成为行业领导者，否则就要被重组。2007—2017年央企各年份重组数量如图9所示。虽然国资委直属央企数量由2003年的196家减少至2017年的98家，但是“十二五”的央企重组目标是数量减少至30～50家。显然，当前远没达到“十二五”的目标，未来国资委仍将会大刀阔斧的对央企整合重组①。央企面对巨大的重组压力，只有积极开展重组整合活动，才能获得重组整合的主动权，避免被其他央企兼并重组。

2.面向未来，国资委缺乏衡量央企“做强”的具体标准

2015年8月，中共中央、国务院出台《关于深化国有企业改革的指导意见》（中发［2015］22号），提出“支持国企开展国际化经营，鼓励国企之间以及其他

① 郑海航，孟领．中央企业重组的历史沿革及发展研究［J］．财经问题研究，2011（3）：104-110.

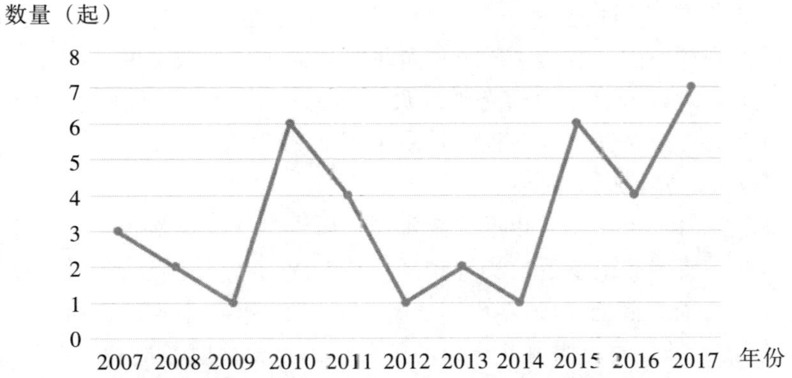

图9 2007—2017年央企各年份重组数量折线图

所有制企业以资本为纽带，强强联合、优势互补，加快培育一批具有世界一流水平的跨国公司”①。由于当前多为整合理念，缺少操作标准的指导意见，央企仍然我行我素地追求“中国500强”或“世界500强”等一系列经济头衔，以证明自己“强大”的经济实力。国资委对于“世界一流”的判定标准，仍取决于企业的营业收入与利润、资产规模等一系列财务指标，这也间接误导了央企开始不计成本的疯狂扩张，盲目进入陌生领域，以此做大自己的合并报表，避免成为下一个被兼并对象。

（二）机会——二元结构下管理层的利益驱动

改革开放以来，针对国有企业产权的改革从未停止，但由于第三方缺失的原因，导致产权缺乏明确归属、缺乏有效的内部监督机制，使国资委作为出资人只能凭借管理层提供的财务报表进行考核。这就导致管理层为追求自身利益，通过频繁的并购重组或者会计处理方式的主观判断，人为提高投资回报率、国有资产保值增值率、净资产利润率、总资产周转率、销售收益率等众多财务指标②。

1.合并报表对于“控制”的界定缺乏公信力

当前，“控制”俨然成为中国《企业会计准则》规定合并子公司报表的基准。2017年颁布的《企业会计准则第33号——合并财务报表》，将“控制”分为比例控制和实质性控制，即母公司拥有子公司半数以上表决权或母公司不拥有子公司半数以上表决权但拥有实质控制能力。随着控制的标准由“资金总额半数以上”转变为“实质性控制”，2017年新修订的会计准则将“控制”定义为：“投资方用于对被投资方的权力，通过参与被投资方的相关活动而享有可变回报，并且有能力运用对被

① 商务部．中国对外投资合作发展报告［R］．2015．

② 于静舒．国有控股企业合并会计处理方法的选择——权益结合法在我国的应用［D］．长春：吉林大学，2015．

投资方的权力影响其回报金额”[①]。“控制”的界定越发呈现出强烈的主观性，在实务操作中更是举证困难。由于缺乏衡量母公司对子公司决策的控制能力和从子公司获利能力的客观标准，不可避免地使母公司拥有了对于合并范围的最终决定权，从而自然而然地为央企做强合并报表带来了可乘之机。

2.合并范围的界定更加困难

近些年来，由于企业性质相近或者相同、所冒的政治风险较小、重组操作简单且交易成本低、使用非市场手段实现较高的整合成功率等特点，兼并重组受到许多央企的追捧。然而，随着2006年中国会计准则与国际会计准则趋同，对于合并范围的规定采用：“母公司应当将其全部的子公司纳入合并财务报表的合并范围”。随着中国全球化和市场化不断深入，子公司不仅仅包括企业法人，而且还有基金、信托等单位，这使得对央企集团合并范围的界定变得更加困难，这也在一定程度上使国资委对于跨行业的央企集团的合并报表缺乏可比性，很难得出央企真正的财务状况和经营成果[②]。

3.权益结合法的误用与滥用

管理层对会计政策的选择会影响合并绩效和投资者的决策行为。购买法和权益结合法二者本质的区别在于是否把企业合并当成一项交易，若当成交易，则把被合并方作为购入资产处理，按照合并时被合并方资产、负债的公允价值入账；若不当成交易，则直接将合并各方的资产、负债按照账面价值叠加。但是，由此两者产生的经济后果大相径庭，导致信息使用者无法辨别管理层的真实动机，即采用权益结合法与同一控制下企业合并是出于企业的自身需求还是出于管理层追求更高利润[③]。

购买法不但需要计算合并时的公允价值，而且还要对产生的商誉进行会计处理，而权益结合法处理方法简单，无后续会计处理。同时根据表5，从利润表和财务指标状况看，权益结合法普遍优于购买法。当前，中国的融资和监督环境仍取决于以利润表为基础的财务评价与监督体系，由于合并会计方法具有可选择性，同时权益结合法产生的经济后果普遍优于购买法，所以中国央企偏好于权益结合法，管理层也拥有了通过选择不同的合并会计方法实现会计后果转化为经济后果的机会，从而影响合并双方的财务报表，最终影响信息使用者的决策判断。

（三）合理化理由——“社会责任”与“做大做强”

在央企“做大做强”的进程中，央企的作用不仅仅体现在“国有资产的保值增

① 企业会计准则编审委员会. 企业会计准则（2017年版）[M]. 上海：立信会计出版社，2017.
② 周华. 法律制度与会计规则——关于会计理论的反思 [M]. 北京：中国人民大学出版社，2016.
③ 史玉光. 同一控制下企业合并及其会计方法的经济后果研究 [D]. 北京：对外经济贸易大学，2015.

表5 购买法与权益结合法对利润表及财务指标的影响

<table>
<tr><th></th><th>项目</th><th>购买法</th><th>权益结合法</th><th>备注</th></tr>
<tr><td rowspan="2">利润表</td><td>合并前被合并方的利润</td><td>不纳入合并报表中</td><td>纳入合并报表中</td><td rowspan="2">与购买法相比，管理层通过运用权益结合法可以获得更高的利润</td></tr>
<tr><td>商誉减值</td><td>计提减值准备</td><td>不计提减值准备</td></tr>
<tr><td rowspan="5">财务指标</td><td>净资产收益率</td><td>低</td><td>高</td><td rowspan="5">权益结合法的财务指标普遍优于购买法</td></tr>
<tr><td>总资产周转率</td><td>低</td><td>高</td></tr>
<tr><td>资产负债比率</td><td>低</td><td>高</td></tr>
<tr><td>每股收益</td><td>低</td><td>高</td></tr>
<tr><td>流动比率</td><td>高</td><td>低</td></tr>
</table>

图表来源：根据公开资料制作而成。

值”的经济价值方面，而是更多体现在维护社会稳定、保障劳动者就业福利等社会责任方面，正是因为央企的独特性质，也为央企经营不佳找到了合理化的理由。

1.央企并购地方企业的“社会责任”

为了应对2008年全球金融危机，中国开展了以财政投资为核心的一揽子经济刺激计划。由于以民企和外企为代表的非公有制经济遭受严重冲击，央企在一揽子经济刺激计划中居主导地位，获得了大量的财政支持，这使得各级政府改变了以往以民企和外企为主的投资活动，将招商引资的重点转向央企。在政府大规模的信贷浪潮中，国家给予了央企大量补贴，从而使央企拥有了巨额的银行授信，占据了债券发行市场等众多政策优势。同时，从2009年开始，中央取消了106家拥有合并纳税资格的大型国有公司合并缴纳企业所得税的权利等一系列利好政策的出台，打消了地方政府将地方国企“嫁”给央企而降低地方财政收入的顾虑，由于合并地方国企的成本较低，央企出于帮助缓解地方财政的“社会责任”和自身政治加分的目的，加速了央企兼并重组的进程①。

2.营业收入增长合理化

央企面对国资委制定的“做大做强”最终目标，前有“行业前三”，后有“世界一流”，导致央企不得不想方设法提高合并报表中的营业收入金额。相较于央企通过日常经营活动提高收入，显然通过合并子公司的营业收入所产生的经济成果或者选择不同的企业合并会计处理方法更加迅速和明显，而能否将被合并方的营业收入纳入合并报表的范畴则取决于是否对被合并方的财务和经营决策实施有效控制，

① 张巍．“一带一路”战略下央企重组整合研究［M］．北京：中国经济出版社，2016.

而“控制”的界定取决于管理层的主观判断。与此同时，企业合并的会计处理方法的选择也在一定程度上受管理者选择偏好的影响。

3.融资渠道的畅通

随着中国资本市场的不断完善和国有企业股份制改革，越来越多的央企即将上市。对于希望上市的央企，中国证券法有明确的规定，发行或上市股票的企业需连续三年盈利，而目前达到要求的央企少之又少，所以有些央企出于发行股票的目的，运用各种手段对企业财务报告进行粉饰，以满足连续三年盈利的上市要求。对于已上市的央企，有配股需求的，证监会指出上市公司配股需经注册会计师核验，公司近期三个会计年度平均加权净资产收益率不低于6%；已得到配股权，但如果年度报告的利润实现数低于预测数的20%，除了公开道歉外，证监会将暂停企业两年发行的配股资格，如果上市企业连续三年未盈利，则予以退市。为了融集更多的资金，避免被取消配股资格乃至退市，上市央企不得不用并购重组来粉饰财务报告。

五、完善央企重组整合的思路

当前，中国央企重组整合的主体呈现双重性，即国资委作为出资主体，代表政府约束央企投资行为、推动央企重组整合和产权与资产的划拨；央企则作为经营主体，进行合并后的企业未来发展战略规划和内部资源整合与优化。二者之间本质上是政府与企业的权责划分，如何进一步完善央企整合重组的思路，也要紧紧围绕着“央企重组整合的双引擎”——政府与企业来出谋划策。

（一）政府：积极引导，综合评价

纵观央企合并重组的历程，无论过去经历“拉郎配”到“自由恋爱”，还是现在再度“拉郎配”[①]，本质上都是在同一出资人——国资委领导下的资源重组整合，不难看出以国资委为代表的政府领导层和决策层在央企合并重组中的关键性作用。所以，在做大做强做优国有资产的改革过程中，政府应该创新转变改革的方向、原则和考评体系。

1.明确“做活做专做优做大国有资本”的央企整合新方向

一般而言，在成熟的市场经济国家中，企业是出于自身发展的需要而并购重组，国家仅需制定相关法律法规监督企业重组活动，若非迫不得已很少直接干预企业的重组活动，而是将其完全放手给市场。中国央企重组仍源于政府的行政决策，

① 李锦．央企重组形势预测［J］．现代国企研究，2017（7）：18-23.

重组双方缺乏整合的积极性。当前，改革的重点应该由“管企业”转向“管资本”，需切实落实“做优做强做大国有企业”转变为“做活做专做优做大国有资本”。“做活”强调的是国有资产证券化、资本化；“做专”强调的是国有资本精致化、专业化；“做优”强调的是国有企业的战略前瞻性与效率；“做大”则在上述实现的基础上，顺其自然地壮大规模。

一方面，要摒弃计划经济时期以所有制划分企业的思维定式，将社会主义市场经济体制中的各要素市场相互开放，企业内外不同类型的资本混合融合，不再完全依靠单一资本。当前规模居前的央企，基本上是上市公司，已经不是严格意义上的国有企业，国有资本在其中只是相对控股，正是由于公司治理结构和股权结构发生的根本性变化，导致这些央企充满创造力与竞争力。

另一方面，国有资本更要与具体企业脱钩，在国有资本的职能已定的前提下，以有限的国有资本尽可能多的影响非国有资本。即使当事企业清楚当前垄断、效率低的问题，但是“肉烂在锅里”的懒政思维依然存在①。国有企业担心小问题变成大问题，而不与非公有制经济打交道，导致国有资本如一潭死水。所以国有资本应选好企业，有进有退，国有企业的经营绩效可以有好有坏、有起有落，但是国有资本一定要流动配置资源，焕发资本活力与生机。

2.围绕“国际竞争力和行业控制力”的央企重组新原则

2008年全球金融危机爆发，中国政府开启了对经营不善的央企给予“天价”补贴的浪潮，而民企只能自求多福。针对央企挤压民企等非公有制经济发展的空间，形成巨无霸式垄断地位的问题，中国政府应该加强顶层设计与规划，对于某些行业有进有退，紧紧围绕“国际竞争力和行业控制力”的基本原则进行改革。

在新一轮重组过程中，国资委应该在事前充分调研的基础上，坚持“市场主导，政策引导”的改革原则，充分尊重市场规律，全面提升要素生产率，尽量减少行政性干预，进一步加快国有资产商业类和公益类的分类改革和监管，即退出商业类企业，重组整合部分关系国家安全和经济命脉的商业类企业和全部公益类企业，布局战略前瞻性的企业。通过进一步引入市场竞争机制和加快央企股份制改革，实现国有资本与市场经济深度融合发展，提高企业效率和能力。正如华为和中兴坚持长期在残酷的市场中相互竞争，最终成为了两个世界级的大企业。

在加强关乎国民经济命脉的关键领域的控制力基础上，运用有针对性的政策，按照“统筹协调，整体推进”的原则，合理引导央企服务于国家整体布局和战略规划，积极参与以淘汰落后产能为核心的供给侧结构性改革和以提升国际竞争力为核心的“一带一路”倡议。

① 厉以宁，吴敬琏等. 三去一降一补——深化供给侧结构性改革［M］. 北京：中信出版社，2017.

3.完善“国有资产保值增值、风险控制和社会责任”的央企评价新体系

2003—2013年，国资委围绕着“国有资产保值增值”的目标，建立了以营业利润和净资产回报率为核心的国有经济责任考核和经营业绩考核制度，加强了国资委作为出资人对央企的财务监管。现阶段，国资委作为主要的监管者，应当推动建立企业综合绩效评价体系，综合反映企业的财务绩效、风险控制和社会效益，正确引导企业的日常经营，规范反映国有资本运行的真实状况，维护国家所有者的权益。

一方面，国资委需摆脱国有企业唯“大”独尊的形式主义，更多的关注企业的核心竞争力。如果一味地让国有企业都做大做强，既脱离实际，也违背市场规律。在市场经济体制中，企业的大小、强弱并无定式。在市场中，很多中小企业虽然不大，但是掌握核心技术，是隐形冠军。但国有资本并没有向这些企业倾斜，而是一味地将深陷困境的国有企业重组整合。另外，国资委应该明确以拥有法律事实的母公司报表为基础、合并报表为辅的评判依据，二者相互补充，共同决定母公司财务状况，而非严重依靠合并报表的会计信息进行评判。还应进一步规范和补充会计合并方法的适用条件，根据反映央企合并重组实质的会计信息作为判断基础。

另一方面，国资委在考核的过程中，不仅应注重投入产出效率，更应注重资源配置效率，在维持一定投入的基础上，调整配置方式实现资源配置效率的提升，同时管控资源配置中的风险，注重企业自身的发展潜力和综合实力。在供给侧结构性改革和去产能的过程中，央企作为“乡村振兴”战略、“京津冀一体化”“长江经济带”等一系列产业升级的主导角色，积极承担社会责任，带动当地城市建设发展和产业结构升级。所以，国资委在考核与评价的过程中，应转变“数字出官”的财务考评体系，将资源配置效率、风险控制和社会效益纳入到央企综合绩效评价体系中。

（二）企业：内部整合，优化配置

在国资委大力推进整合重组的过程中，多为国资委顶层设计央企重组的对象和给予大量产业政策，往往不是出于央企自身的发展需要。对于这种“包办婚姻”，央企并购是为了完成国资委的政治任务，对整合重组后的态度也是一并了之，明显缺乏战略性与主动性，导致央企并购前后的绩效并未发生实质性改善。因此，在央企并购重组的过程中，如何完善央企的体制、机制和整合模式，鼓励央企深练内功是接下来工作的重点。

1.构建央企“资产证券化和混合所有制深度嵌合”的新体制

“十三五”期间，劳动力的人口拐点倒逼科技进步贡献率和要素生产率全面升级。随着中国资本市场的不断健全和国有企业股份制改革的不断推进，未来资本市

场将成为推动国有企业改革和提高核心竞争力的重要力量。当前，中国央企与世界先进企业具有较大差距，这将成为央企在进行国内整合之后，下一步跨境并购的重要动力之一，此轮收购的重点将转变为“以品牌和技术为代表的核心竞争力”，尤其是那些能够促进央企经济转型升级，与央企的需求能够紧密对接的品牌与技术。

推动央企股权激励和员工持股，实现资产证券化和混合所有制深度嵌合，进而通过资本市场把国际技术与中国央企的需求对接，进一步提高科技进步贡献率[①]。只有通过资产证券化和混合所有制改革，降低或者打消国外企业对于央企的政治与安全上的顾虑，才能真正通过“一带一路”倡议与各国企业在技术与市场上互联互通，实现真正的央企走出去。

2.建立央企“中国特色的内部控制”的新机制

2008年，财政部等五部委联合发布的《企业内部控制基本规范》推动了国有企业建立和实施内部控制基本框架，提高经营活动的效果和效率，通过“控制环境、风险评估、控制活动、信息与沟通和监督”[②]等五要素的控制，确保财务报告的可靠性和合规性，初步建立了企业财务内部监督体系。由于央企独特的性质，在发挥内部控制的基础性作用的同时，央企应根据自身特点改进内部控制的构建。

一方面，在未来国有企业做大做强过程中，在不断提高国有经济活力、控制力和抗风险能力的同时，坚持党的建设与国有企业建设同步与融合，不断加强党的领导和党建工作在体制、机制、制度和工作上的对接。坚持以问题为导向，立足新形势下体制机制创新，将企业内部控制审计与党的巡视监督二者有机统一起来，形成在党的统一领导下企业内部监督、纪检巡视监督的内部国有资产监督体系。

另一方面，央企作为产业政策主要受益者和执行者，要推进产业政策内部合理化机制融入央企特色的内部控制中，承接产业政策将其内化用好，而不是在实行中造成无谓损失。要保持产业政策的使用方向与国家的改革和战略相契合，对国家关注的关系国家安全和国民经济命脉的核心行业进行积极探索与发展，而不是一头扎进产能过剩的行业和领域。

3.探索央企“深度整合”的新模式

自2013年以来，国资委为了避免央企在国际市场上同业恶性竞争，加快了央企重组整合的速度，但是目前97家央企仍拥有多达五万家二级、三级央企，就算集团央企合并了，但是大量相同行业、规模相近的二级、三级央企若不进行深度整合，仍可能在国际市场上产生恶性竞争。因此，央企如何进行并购后的经营、人力和文化整合管理成了新的难题。

---

① 厉以宁，吴敬琏等．三去一降一补——深化供给侧结构性改革［M］．北京：中信出版社，2017.

② 企业内部控制编审委员会．企业内部控制基本规范及配套指引案例讲解［M］．上海：立信会计出版社，2011.

央企在进行经营整合的过程中，首先，要保证其核心生产力跟上企业扩张的速度，根据企业整合后的实际状况及时调整战略目标、产品结构，稳定上下游企业以保证供应链的完整性，避免因其销售额下降导致的客户投诉量骤增。其次，央企内部应以企业价值最大化为核心对财务进行一体化管理，即财务目标、财务体系、会计核算体系、资产负债和绩效评估体系的五位一体化，避免整合官僚化和形式化。

对于人力和文化管理方面，央企需针对不同的并购方式，在时间和方式上进行差异化管理，即强强联合则相互补充、以大吃小则同化移植，切忌一刀切盲目统一整合模式。同时，根据央企的特殊性质，进一步探索党管干部与市场配置人才相结合的新模式，对原有正式或非正式员工实施优胜劣汰和激励相结合的用人机制，营造人才脱颖而出的良好局面，探索央企在现代企业制度下的选人用人新机制。

六、结论与展望

当前，中国经济改革进入深水区，自2008年全球范围的金融危机爆发以来，中国进入了经济结构调整期，经济速度回归理性进入中高速增长，下行压力巨大。由于过去几年中央政府加大了基础设施投资力度，导致国内生产总值（简称GDP）呈现两位数的飞速发展，但也伴随着产能过剩、经济结构发展愈发不平衡，地方大量重复建设等问题。2008年金融危机爆发后，国际需求明显放缓，中国外向型经济受到严重冲击，房地产、水泥、钢铁等关联行业出现营业利润大幅下降，而这些行业中的大部分企业正是当年“四万亿”补贴政策的主要受惠者——央企。

始于2014年的新一轮央企合并浪潮，最主要的原因是政府的大力推动，希望在供给侧结构性改革和“一带一路”倡议下，通过大规模的央企重组整合，淘汰落后产能，扩大内需消化能力，同时寻找新的出口市场，以出口带动产能输出，化解产能矛盾。但是新的问题接踵而来，一方面，国资委通过无偿划拨的方式对央企进行重组整合，导致央企并非出于自身需要，缺乏整合的积极性和主动性。另一方面，为了完成国资委制定的重组目标和避免成为下一个被兼并的对象，央企开始了大规模兼并，导致了最终即使并购重组并未持久改善央企绩效，但央企仍然积极并购。

本文针对央企热衷于阶段性改变的并购重组相关问题，通过熵权系数法建立央企并购绩效指数，分析并购前后绩效的趋势变化，结合改革开放后央企重组整合的发展历程与特点，总结归纳出央企并购重组呈现盲从性、阶段性和差异性；进一步根据舞弊三角理论分析了央企积极参与并购重组的压力、机会和合理化理由，并且创新地从合并会计方法选择的角度分析以合并报表为考核标准的弊端，填补了该项研究在央企重组整合中的空白。最终结合央企的特殊性质与中国国情，从政府与企业两个主体的角度完善央企重组整合的新思路，提出了有针对性和具有中国特色的对策与建议。

2019年，央企重组整合仍是国资委的首要任务，在不久的将来，随着国内央企整合告一段落，在资本市场上以技术和品牌为核心的海外并购将拉开序幕，国资委不再通过行政手段和大规模天价补贴的方式干预央企重组整合，而是在推动央企分类监管，引入市场竞争机制的基础上，通过国有资产证券化和混合所有制改革，在国际国内资本市场上为央企注入新的活力，央企重组整合将迎来新的机遇与挑战。

附表：

2014—2017年央企并购行为的行业分类见附表1。

附表1　2014—2017年央企并购的行业分类

行业划分	原企业	新企业	旗下A股上市公司	重组时间
机械制造	中国北方机车车辆工业集团和中国南车集团	中国中车集团	中国中车、时代新材	2015.8.6
	中国机械工业集团公司和中国恒天集团有限公司	中国机械工业集团有限公司	常林股份、一拖股份、林海股份、国际汽车、国机通用、轴研科技、中工国际、蓝新高科	2017.6.29
冶金	中国冶金科工集团有限公司和中国五矿集团公司	中国五矿集团公司	株治集团、中国中冶、五矿发展、金瑞科技、中钨高新、五矿资本、五矿稀土	2015.12.1
	宝钢集团和武钢集团	中国宝武钢铁集团有限公司	宝武钢铁、宝信软件、八一钢铁、韶钢松山、宝钢包钢	2016.9.22
建筑材料房地产	中国建筑材料集团有限公司和中国中材集团有限公司	中国建材集团有限公司	中国建材、北新建材、中材股份、中材国际、中国巨石、国检集团、中材科技、天山股份、瑞泰科技、凯盛科技、宁夏建材、国统股份、洛阳玻璃、祁连山、中材节能	2016.8.22

续表

行业划分	原企业	新企业	旗下A股上市公司	重组时间
建筑材料房地产	中国保利集团公司、中国轻工集团公司和中国工艺（集团）公司	中国保利集团	保利地产、久联发展	2017.8.21
水运	中国远洋运输集团总公司和中国海运集团总公司	中国远洋海运集团有限公司	中远海特、中远海控、中远发展、中远海能、中远海发	2015.12.8
	中国外运长航济源有限公司和招商局集团有限公司	招商局集团有限公司	招商银行、招商轮船、中集集团、山东高速、五洲高速、深赤港A、宁沪高速、楚天高速、招商蛇口、招商证券、华北高速、吉林高速、中原高速、深赤港B、南山控股、福建高速、龙江交通、宁波港	2015.12.29
电力	中国电力投资集团公司和国家核电技术公司	国家电力投资集团公司	吉电股份、东方能源、露天煤业、上海电力、中电远达	2015.6.11
	中国电力集团公司和神华集团有限责任公司	国家能源投资集团有限责任公司	中国神华、国电电力、龙源技术、长江电力、*ST平能、英力特、长源电力	2017.8.28
纺织	中国华孚贸易发展集团、中国中纺集团和中粮集团有限公司	中粮集团有限公司	中粮生化、中粮地产、中粮糖业、酒鬼酒	2014.11.26
旅游	中国国旅集团和中国港中旅集团公司	中国旅游集团公司	中国中旅、华贸物流	2016.7.11

注：根据国资委网站央企名录整理而来。

2014—2017年基于合并报表按行业分类的央企并购绩效指数见附表2。

附表2　2014—2017年基于合并报表按行业分类的央企并购绩效指数

时间	机械制造	冶金	建筑材料房地产	水运	电力	旅游	纺织
2014-3	58.40503	49.3488	60.78654	59.76815	67.28675	68.28817	62.93817
2014-6	58.70446	50.64287	64.78865	59.01826	68.27615	67.98333	63.2281
2014-9	55.88454	51.09882	67.37865	58.27819	69.98817	69.26387	64.28371
2014-12	60.70446	53.5679	66.34867	56.25332	68.37156	69.27178	65.2718
2015-3	63.76454	52.3845	66.87625	56.02587	69.26736	68.26617	69.26371
2015-6	65.2513	55.34566	65.4789	55.65442	70.1237	70.2718	73.3627
2015-9	59.99655	54.46765	68.3567	57.47783	70.1627	73.2619	88.9837
2015-12	61.57475	55.74563	78.65464	57.9899	73.61478	72.3618	80.0374
2016-3	58.17224	54.32875	89.2674	62.2536	86.2618	75.3289	69.2367
2016-6	74.402	59.0865	71.7632	65.9827	95.1678	74.21509	70.2345
2016-9	74.88901	69.7597	72.2279	72.8764	82.42789	74.21509	68.2347
2016-12	88.89753	75.6372	64.12826	83.9827	80.3518	81.87623	68.2543
2017-3	72.83753	91.9675	90.4667	87.391	71.8716	89.32587	67.2457
2017-6	71.34451	77.75356	72.9873	92.2437	69.9987	93.2718	70.9382
2017-9	66.68371	69.8965	67.85765	79.12637	68.32819	85.2615	71.2839
2017-12	60.21635	65.8276	62.36564	75.32478	70.28149	79.9142	68.2019

注：根据公开资料制作而成。

2014—2017年基于母公司报表按行业分类的央企并购绩效指数见附表3。

附表3 2014—2017年基于母公司报表按行业分类的央企并购绩效指数

时间	机械制造	冶金	建筑材料房地产	水运	电力	旅游	纺织
2014-3	44.36478	37.2738	44.3728	41.26384	44.28392	51.2738	43.2637
2014-6	42.32287	38.2819	45.0182	40.28937	46.27381	52.83173	44.2718
2014-9	50.09822	39.2748	46.2615	41.27384	45.2837	53.27384	43.2819
2014-12	50.7689	38.2938	47.2817	40.28376	44.2638	53.37283	44.38276
2015-3	48.38972	37.90283	48.2631	41.2734	47.39826	53.2374	46.29382
2015-6	50.37786	38.2738	47.1823	43.2739	47.3831	54.2472	48.2637
2015-9	52.8765	39.2817	46.2931	44.2891	47.23749	55.34823	50.2731
2015-12	53.8763	39.2738	48.3423	44.6781	48.38297	56.38291	47.2839
2016-3	50.3288	40.2736	50.2738	47.2839	50.29384	58.3743	48.372
2016-6	47.2438	41.27386	45.2637	49.3829	53.28316	59.38267	46.3829
2016-9	54.3897	43.2738	43.2813	51.29343	45.73826	60.38293	47.3829
2016-12	53.9872	45.38261	44.2839	53.38437	43.28364	63.28393	46.3749
2017-3	50.8926	46.2837	45.2736	55.3849	41.29378	67.37281	48.2382
2017-6	47.3897	40.18273	40.2983	52.26378	41.38213	60.1326	46.3829
2017-9	45.8765	37.2716	37.27394	46.3724	41.27638	59.0251	44.3723
2017-12	40.8276	34.1923	34.1723	42.01923	41.2738	58.92937	45.3728

注：根据公开资料制作而成。

参考文献

[1] 戴德明，毛新述，姚淑瑜．合并报表与母公司报表的有用性：理论分析与经验检验［J］．会计研究，2006（10）：10-17，95.

[2] 郭增．中央企业重组与绩效研究［D］．长春：吉林大学，2013.

[3] 高玉婷．中央国有企业重组的国际竞争力研究［D］．沈阳：辽宁大学，2016.

[4] 黄世忠，孟平．合并会计报表若干理论问题探讨［J］．会计研究，2001（5）：18-22，65.

[5] 黄世忠，陈箭深，张象至等．企业合并会计的经济后果分析——兼论我国会计准则体系中计量属性的整合［J］．会计研究，2004（8）：30-39，97.

[6] 华静森．中央企业重组绩效研究——以Z公司重组为例［D］．南京：南京理工大学，2017.

[7] 陆正飞，张会丽．新会计准则下利润信息的合理使用——合并报表净利润与母公司报表净利润之选择［J］．会计研究，2010（4）：7-12，95.

[8] 李威．中央企业重组整合的限制与对策［D］．北京：中国财政科学研究院，2012.

[9] 李锦．央企重组形势预测［J］．现代国企研究，2017（7）：18-23.

[10] 宋美璇．企业合并会计方法的选择［D］．大连：东北财经大学，2007.

[11] 苏旭光．我国中央企业并购重组案例研究——以中外运长航重组为例［D］．北京：北京交通大学，2011.

[12] 史玉光．同一控制下企业合并及其会计方法的经济后果研究［D］．北京：对外经济贸易大学，2015.

[13] 徐向龙，毛蕴诗．我国中央企业的成长特征与战略重组研究［J］．产经评论，2010（3）：60-68.

[14] 徐传谌，邹俊．中央企业战略重组的不确定性及其规制研究［J］．经济体制改革，2012（3）：86-89.

[15] 于静舒．国有控股企业合并会计处理方法的选择——权益结合法在我国的应用［D］．长春：吉林大学，2015.

[16] 郑海航，孟领．中央企业重组的历史沿革及发展研究［J］．财经问题研究，2011（3）：104-110.

[17] 张文思．中国钢铁行业上市公司并购重组绩效研究［D］．重庆：重庆大学，2013.

[18] 张雯，张胜，李百兴．政治关联、企业并购特征与并购绩效［J］．南开管理评论，2013（2）：64-74.

[19] 赵虎博．国有企业并购重组动因分析与决策研究［D］．大连：大连海事大学，2016.

[20] 曾伍军．企业合并的会计处理方法及其经济后果分析［D］．长春：吉林大学，2016.

[21] 周华，莫彩华，吴晶晶等．信息真实性与证券市场会计监管——基于股权投资信息披露规则的研究［J］．中国软科学，2017（7）：172-181。

[22] 葛家澍，杜兴强等．会计理论［M］．上海：复旦大学出版社，2005.

[23] 厉以宁，孟晓苏，李源潮等．走向繁荣的战略选择［M］．北京：经济日报出版社，2013.

［24］厉以宁，吴敬琏等．三去一降一补——深化供给侧结构性改革［M］．北京：中信出版社，2017.

［25］企业内部控制编审委员会．企业内部控制基本规范及配套指引案例讲解［M］．上海：立信会计出版社，2011.

［26］张巍．“一带一路”战略下央企重组整合研究［M］．北京：中国经济出版社，2016.

［27］周华．法律制度与会计规则——关于会计理论的反思［M］．北京：中国人民大学出版社，2016.

［28］企业会计准则编审委员会．企业会计准则（2017年版）［M］．上海：立信会计出版社，2017.

［29］国务院国资委．关于国有企业功能界定与分类的指导意见［EB/OL］．［2015-12-29］．http：//www.sasac.gov.cn/n2588035/n2588320/n2588335/c4258285/content.html.

［30］ARTHUR R，WYATT. Summary from ARS No. 5：“A critical study of accounting for business combinations”［J］．Journal of Accountancy，1963，116（1）：65.

［31］BENJAMIN C AYERS，CRAIG E LEFANOWICZ，JOHN R ROBINSON. The financial statement effects of eliminating the pooling-of-interests method of acquisition accounting［J］．Accounting Horizons，2000，14（1）：1-19.

［32］LINDA VINCENT. Equity valuation implications of purchase versus pooling accounting［J］．Journal of Financial Statement Analysis，1997，2（4）：5-19.

［33］SHIMIN CHEN，ZHENG SUN，SONG TANG，DONGHUI WU. Government intervention and investment efficiency：Evidence from China［J］．Journal of Corporate Finance，2011，17（2）：259-271.

［34］YING HAO，JING LU. The impact of government intervention on corporate investment allocations and efficiency：Evidence from China［J］．Financial Management，2018，47（2）：383-419.

Status Analysis and Countermeasures of the State-owned Key Enterprises' M&A and Restructuring Based on Financial Perspective

Abstract From the background of China's economic transformation and upgrading，this article explains and summarizes the research background，development status，existing problems，and related countermeasures of the merger and reorganization of state-owned key enterprises（SOKEs）. By expounding the stage characteristics of central enterprise reorganization in various stages，and combining the trend of changes in performance index before and after the merger of SOKEs from the perspective of different industries and different reports. Based on the theory of fraud triangles, the in-depth analysis of the motivation of 'SOKEs are keen to merge and restructure' was made from the perspective of the choice of accounting consolidation methods and the credibility of the consolidated statements. In the end, aiming at outstanding problems in the new round of restructuring, based on the dual nature of the SOKEs, individual opinions were put forward from the perspective of the government and the SOKEs, and the policy recommendations on the merger and reorganization of SOKEs with Chinese characteristics were proposed.

Key Words SOKE; M&A; CEMAPI; Consolidated Statement

第9辑，2019年
No.9，2019
会计与控制评论
Review of Accounting and Control

獐子岛“扇贝门”事件引发的控制环境问题思考①

刘静仪[1]　尹　悦[2]

（1.东北财经大学国际商学院　大连　116025）
（2.国网辽宁省电力有限公司　沈阳　110006）

摘　要　资本市场上诸多企业，尤其是农业企业，由于内部控制失效而陷入经营困境，导致财务会计造假事件不断。控制环境是内部控制系统的基础，直接影响内部控制的执行效果。本文以獐子岛“扇贝门”事件为例，对獐子岛集团控制环境存在的问题进行研究，发现其存在治理结构混乱、人力资源管理薄弱、内部审计失效和企业文化建设不力等问题。对此，本文提出了分权制衡、保持管理层稳定性、加强内部审计和文化建设的针对性建议，也为其他上市公司提供借鉴。

关键词　内部控制　控制环境　獐子岛

一、引言

随着内部控制理论的不断完善与发展，内部控制在企业的经营管理过程中发挥着日益重要的作用，企业内部控制体系及其有效性受到了社会各界的广泛关注。然

① 作者简介：刘静仪（1995—），女，汉族，辽宁大连人，东北财经大学国际商学院，硕士研究生；尹悦（1985—），女，汉族，辽宁丹东人，国网辽宁省电力有限公司中级会计师。

而，自企业内部控制基本规范实施以来，越来越多的企业面临内部控制失效问题，上海家化、新华制药、天津磁卡、泰达股份等多家公司均被出具了否定意见的内部控制审计报告。内部控制的缺失或失效使企业蒙受巨大损失，而很多企业内部控制有效性差都与其控制环境不好有关。例如，金彧昉等（2005）针对中航油巨亏事件进行研究，发现该公司不仅极其偏好风险，其企业文化和管理结构也十分混乱；张博亚（2011）发现，绿大地董事会与总经理未能实现职责分离；杨汉明和梅路瑶（2014）研究发现，北大荒第一大股东持股比例高，而且是国有股股东，其股权结构及股东性质这两项控制环境因素存在缺陷。因此，控制环境作为内部控制的基础要素，是内部控制有关问题研究过程中不容小觑的重要内容。

美国COSO报告显示，内部控制环境是确立一个组织的基调，影响其成员的控制意识。控制环境究竟有怎样的作用呢？诸多学者对此进行了研究。Glover（1997）认为，在使用相同信息进行决策的情况下，更好的控制环境可以使决策者做出更为科学的决策。Lightle和Castellano（2007）认为，良好的控制环境可以强化其他内部控制要素的作用，相反的，失效的控制环境则对其他内部控制要素起到消极的反面作用，甚至会导致舞弊行为的发生。杨有红（2013）认为，相对于内部控制另外四个技术性和程序性较强的要素，控制环境是企业的一种软实力，其判断标准相对呈隐性，但是，任何脱离环境的控制方法和流程都不具备可实施性。由此可见，内部控制环境在整个内部控制系统中起着基础性的作用。

2008年，财政部等五部委联合发布了《企业内部控制基本规范》，对内部控制环境的主要内容进行了界定，指出内部控制环境包括治理结构、机构设置及权责分配、内部审计、人力资源和企业文化等方面，后来学者们主要围绕这些因素开展研究。随着经济发展，企业的经营环境和管理模式日新月异，为了提高内部控制的实用性，在最新的《内部控制——整体框架（2013版）》中，COSO委员会特别强调了“人”在内部控制环境建设中的意义，更加重视道德操守，进一步理清了治理层及管理层的职能。参考相关规定，本文认为，研究一个企业的内部控制环境，可以从公司治理结构、人力资源、内部审计、企业文化四个方面入手。

在确定控制环境要素之后，如何识别控制环境存在的缺陷并提出针对性建议是本文研究的一大重点。黄世忠（2001）基于公司治理视角，提出控制环境主要有以下四方面的缺陷：第一，缺乏对经营者的有效约束；第二，商业银行未能有效行使监督权；第三，董事会与管理层之间权责不清；第四，严重的关键人控制现象。为解决上述问题，学者们殚精竭虑，提出了一系列优化建议。党立军（2012）提出，要想优化内部控制环境，企业应当将治理结构合理化，权责分明，明确分工，加强人力资源、企业文化及内部监督机制建设。隋敏等（2013）认为，内部控制要充分做到“以人为本”，通过企业文化、人力资源政策对员工进行激励，从而使控制环境与企业目标更好地协调统一。现有的研究成果为明辨企业内部控制环境存在的缺陷并进行针对性修正提供了较为合理的框架。但是在实务中，不同行业、不同企业有各自的特殊性，其内部控制环境的具体情况千差万别，不能一概而论，关于内部控制环境的改善方案也各有其适用范围。考虑到目前农业企业暴露出来的一系列内部控制环境问题，且针对农业企业内部控制环境的研究文献较少，本文选取近年来农业行业内部控制失效的典型案例——獐子岛“扇贝门”事件，从公司治理结构、人力资源、内部审计、企业文化这四大内部控制环境要素入手研究，对企业内部控制的改善提出建议，期望能对企业内部控制建设带来一些启示。

二、獐子岛“扇贝门”事件

大连獐子岛渔业集团股份有限公司始建于1958年，主营水产养殖业务，是国内最大的综合性海洋食品企业。2006年9月28日，该公司在深交所上市，并创造了中国农业第一个百元股。

2014年10月30日，獐子岛集团发布了《关于部分海域底播虾夷扇贝存货核销及计提存货跌价准备的公告》。公告宣称根据公司的抽测结果，公司决定对105.64万亩海域成本为7.35亿元的底播虾夷扇贝存货放弃本轮采捕，进行核销处理，对43.02万亩海域成本为3.01亿元的底播虾夷扇贝存货计提跌价准备2.83亿元。祸不单行，受鲍鱼业务亏损近5 000万元的影响，獐子岛公司在2014年前三季度共计亏损8.12亿元。

这一消息对投资者而言无异于晴天霹雳，惊怒交加的投资者纷纷对该事件提出质疑。10月31日，獐子岛公司发布《中国科学院海洋研究所会议纪要》，将此次“黑天鹅”事件解释为公司海洋牧场发生了自然灾害，灾害主要原因为遭遇了百年不遇的冷水团。受此影响，獐子岛2014年前三季度业绩大变脸，由原本第三季度4 413万～7 565万元的预报盈利，转变为预测全年亏损7.7亿～8.6亿元，这一亏损数额相当于当时獐子岛净资产的一半。然而，这一答复显然不能服众，社会公众对资本市场的信心岌岌可危。

价值将近8亿元的存货烟消云散，使得獐子岛一夜之间饱受关注。这起罕见的“黑天鹅”事件背后，究竟是天灾，还是人祸？对此，证监会进行了现场核查。2014年12月5日，中国证监会大连监管局发布声明，将本次事件定性为内部控制制度存在问题：部分事项决策程序不规范；内部控制制度执行不规范。之后，獐子岛针对自身内控制度进行了一系列整改。2015年6月1日，獐子岛发布公告称公司底播虾夷扇贝不存在减值迹象，上演了一出惊天大逆转，一时之间市场一片哗然。

然而，事件并未就此终结。2016年1月初，一则《2 000人实名举报称獐子岛“冷水团事件”系“弥天大谎”》的新闻再次将獐子岛推向风口浪尖。文章称，媒体从獐子岛居民手中获得了一份由2 000多人签名的实名举报信，指认扇贝绝收的真正原因是提前采捕和播苗造假，公司官方说法不实。该案现已转交辽宁省纪委核查。

獐子岛巨亏事件可谓一波未平，一波又起，波澜壮阔下，藏着许多引人深思的问题：该事件被定性为内部控制问题，那么公司控制环境是否存在缺陷，是否对该事件起到了推动作用？责令整改之后，公司控制环境是否仍然存在威胁内部控制有效性的隐患？这正是本文接下来要详细分析的内容。

三、案例分析

本文从公司治理结构、人力资源、内部审计、企业文化四个角度，对獐子岛内部控制环境所存在的问题进行分析。

（一）公司治理结构混乱

“黑天鹅”事件发生前，獐子岛公司总部设立了审计监察部、投资证券部、法律事务部等若干部门和职能中心，并在集团总部下设五大业务群，各业务群及各职能中心又下设七个事业部。在这种组织结构之下，员工职责分工明确，但是由于业务高度分化，部门之间相互独立性较强，不利于部门协调合作，容易诱发资源争夺战，且组织结构较为冗余。

在接到中国证监会大连监管局下发的责令整改决定后，2015年1月，獐子岛集团进行了组织架构调整，撤销了原有的七个事业部，由业务群直管分子公司，并新设了管控中心，使组织更为扁平化，提升了运营效率。通过合并与新设构成了六大业务群，各职能部门与业务群之间的内部协同得以加强。

上述调整措施一定程度上改善了公司的内部控制环境，但仍然存在不少遗留问题，如“污染”了企业控制环境，降低了内部控制执行效率。

1.股权高度集中，且存在政治关联

股权结构直接决定了董事会、监事会、管理层的构成及权力分配，是公司治理结构的灵魂所在。獐子岛集团的前身是一家集体企业，改制后经过多年发展，仍然保留着集体制的痕迹。公司现任控股股东——长海县獐子岛投资发展中心，是一家獐子岛镇级集体企业；而另外两大股东长海县獐子岛大连经济发展中心、大耗经济发展中心，则分别是獐子岛镇下属两个村的集体企业，其管理层主要由村镇基层干部构成。吴厚刚身为第一大自然人股东、董事长兼法人，也曾同时担任獐子岛镇基层干部。

在2014年事件爆发时，上述四大股东总计持股比例高达65.31%，显然已经构成“一股独大”现象。截至2016年年底，第一大股东长海县獐子岛投资发展中心持股比例由45.76%下降到30.76%，四大股东总计持股比例下降至49.85%，但其他股东持股较为分散，制衡能力较弱，獐子岛仍保持着很高的股权集中度。獐子岛股权高度集中，会导致控股股东对公司参与程度过高，增加了中小股东利益被侵占的风险，不利于其监督权的行使。

企业政治关联，是指企业高层管理者或大股东拥有在政府部门任职的经历，或与拥有政治权力的个人建立关系。獐子岛四大股东之间存在较为明显的政治关联，在公司的经营管理问题上很容易成为一致行动人。王永进和盛丹（2009）通过实证研究发现，民营企业的经营效率与政治关联度呈负相关。獐子岛的高度政治关联，对公司而言，可能导致资源配置效率下降、经营效益受损；重要部门和岗位监管不力，出现以权谋私现象；薪酬及股份激励不能充分发挥作用；人事方面裙带关系严重，任人唯亲；重大决策缺乏充分调研和专家意见以致失误等弊端。

2.董事会变更频繁，且权责不清

獐子岛集团董事变更十分频繁。由人员变动公告可知，公司第四届董事会成员总计10人，但是只有4人继续留任，其中还有2名是独立董事；第五届董事会成员总计6人，除2名独立董事之外，也仅有1人继续留任。董事的频繁离职可能会向外界传递不利的信号，造成股价的波动，影响投资者对公司的信心；可能会导致公司转变发展方向，不利于长期战略目标的实现。

獐子岛董事会还存在权责不清的问题。第一大自然人股东吴厚刚身为公司董事长的同时，还兼任总经理一职。这使得董事会成为承接股东大会与管理层的“中枢”，严重缺乏独立性；董事长与总经理两职合二为一，界限模糊，对原本“董事长监督总经理的工作并对董事会负责、管理层负责日常经营管理”的相互制衡局面造成了极大的破坏，这种一人独大现象可能会导致管理层凌驾于内部控制之上，滥用权力，甚至诱发舞弊行为。

此外，獐子岛第六届董事会成员总计10人，具体由董事长、1名内部董事、4名外部非独立董事和4名独立董事组成。内部董事仅有梁峻一人，而其余8名董事对于公司治理问题能起到的作用有限，侧面反映出董事长吴厚刚真正掌控着企业的经营决策大权。这导致董事会无法有效地行使监督权，内部控制效果大打折扣。

3.监事会未能有效行使监督职能

由獐子岛集团监事会报告可知，2006—2009年，公司对内部控制状况仅仅用一句话进行了简单概述；2010—2011年，公司进一步对控制活动和监督等方面进行了说明，内容相比过去略有充实；但是，2012—2015年，公司年报完全没有提及监事会报告的内容。根据獐子岛公司章程，我们了解到，公司明确规定监事会应当定期审核董事会出具的定期报告，并提供书面审核意见。然而，獐子岛监事会长期以来不曾出具单独的意见报告，甚至对存在违规披露问题的公告仍然发表了无保留意见。监事会未能尽职尽责地履行其监督义务，使得公司披露信息的可靠性大大降低。獐子岛近几年发布的内部控制鉴证报告都未发现公司内部控制重大缺陷，这次事件的爆发，可以反映出内部监督没有发挥应有的作用。此外，公司监事会仅有3名成员，规模较小，限制了监督的深度和广度。

（二）人力资源管理薄弱

COSO委员会在2013年发布的新框架中，特别强调了内部控制环境建设中“人”的作用，对人力资源建设提出了新的要求，即组织对吸引、开发和保留与认同组织目标的人才做出承诺，并且新增了一条，企业根据组织战略的实施目的，让员工发挥“人”的作用，让每一个企业员工承担内部控制相关责任。在人力资源管理方面，獐子岛存在以下几个问题：

1.员工素质较低

獐子岛员工整体学历偏低，事件发生之前，具有本科及以上学历的员工约占10%，事件发生之后，占比下降到约8%。员工学历与企业绩效密切相关，王娟和王毅（2016）认为，员工学历越高，企业的创新绩效越强，其中研究生以上学历对于企业创新绩效有显著促进作用。汤二子和孙振（2012）指出，对于通过利润率衡量绩效的企业而言，员工学历与企业绩效呈正相关。考虑到獐子岛公司是生物资产主导型企业，员工中高中及以下学历占比高符合行业特征，但是学历水平普遍偏低会制约公司持续发展及创新能力，不利于战略目标的实现。

2.高管变动频繁

2010—2015年间，獐子岛共计发布公司高管人员辞职公告18次，这一频率远高于同期A股市场中的其他企业。此外，“黑天鹅”事件后，獐子岛董事会于2014年12月对公司章程进行了修改，修改后的章程规定各类总监及各事业部总经理不再归为公司高级管理人员，也就是说，上述职位的人员辞职将不再对外发布高管人员辞职公告。因此，獐子岛受“黑天鹅”事件影响而选择辞职的高管人员很可能远高于公告中涉及的数量。

不仅如此，獐子岛离职高管涉及职位众多，既包括负责公司整体运营的执行总裁、副总裁，也包括多个职能中心总监及事业部总经理，还涉及审计监察部、监事会这类敏感职位以及2名独立董事。绝大多数高管辞职原因为“个人原因”，且辞职后不再担任公司其他职务，很难不让人怀疑是否存在隐情。獐子岛离职高管还曾透露，公司内部治理混乱，业务操作中违规现象时有发生；员工招聘流程不合规、考核不科学；存在贪污受贿现象。公司除辞职以外的高管变动也十分频繁，2010年23人，2011年3人，2012年6人，2013年3人，2014年9人，2015年2人。高管的大量请辞及职位变动，不利于公司稳定发展及企业文化的塑造，无法维持员工忠诚度，同时反映出獐子岛内部很可能在经营或财务方面存在严重问题，在这样的环境下，内部控制难以有效执行。

3.裙带关系严重

2011年，獐子岛公布的股权激励名单中提到养殖事业一部总经理助理吴厚记、养殖事业二部总经理吴厚敬、大长山岛分公司经理刘锋等几人的名字，这几人分别是公司实际控制人吴厚刚的弟弟、哥哥、妻弟。2012年，獐子岛被举报扇贝苗收购中存在受贿现象，采购负责人正是吴厚记，而2014年绝收的扇贝恰好来自这次案件中采购的幼苗。事实上，獐子岛公司由集体企业改制而来，各层级之间存在联系是难以避免的，但这种裙带关系十分不利于营造良好的内部控制环境。

（三）内部审计失效

内部审计比起外部审计更能深入组织内部，在保障公司内部控制执行效果上有不可替代的作用。獐子岛集团的内部审计存在失效问题，具体表现如下：

1.风险意识不足

獐子岛作为农业企业，再加上海产养殖的特殊性，极易受到自然灾害的影响，公司面临风险较高，必须引起警惕。然而，根据中国证监会大连监管局的调查，獐子岛公司在决策和实施过程中，既没有充分论证可行性，也没有进行深海底播实验，仅仅依据内部职能部门的初步调查和过去的经验，就做出了深海底播决定，并进行了大规模投入，这说明公司的风险防范意识不足。内部审计不应当仅仅停留在对于管理者的监督方面，还应该通过鉴证、评估等手段，对公司经营决策中可能出现的风险加以控制，为公司治理提供帮助。此外，出于利益博弈动机，一味追求收益，人为破坏风险预警机制的行为也需要引起内部审计人员的警惕。

2.内部审计缺乏约束力

獐子岛集团采用董事会审计委员会制度，一方面，经营者很容易忽视内部审计意见，内部审计相关规定沦为一纸空谈，使得内部审计信息不能被有效利用；另一方面，内部审计从属于行政系统，其职责的行使需要董事会和总经理的应允，缺乏实质性权力，处于弱势地位，审计范围及力度大打折扣，难以制约高层管理者的行为。例如，本次事件中绝收的扇贝苗正是由吴厚刚的弟弟吴厚记于2011年采购的，但是吴厚刚表示，扇贝采购过程中存在掺假行为，上报数量与实际数量差额较大，致使产量大幅降低。内部审计在企业高层这里碰壁，也反映了高管凌驾于内部控制之上。

（四）企业文化缺乏有效管控

2013年，COSO新框架在企业文化方面提出了新要求，即组织对正直、道德等价值观做出承诺，企业文化日益得到重视。獐子岛存在片面强调员工执行力、忽视企业文化和员工道德建设的问题，具体表现如下：

1.缺乏专门的文化管理部门

獐子岛并未设立专门的文化管理中心，而是由人力资源中心身兼二职，肩负企业文化建设职能，并负责企业文化宣传工作。企业文化是企业的精髓，它推动企业不断向前发展，对整个企业具有广泛影响。一个企业如果不重视企业文化，其员工的精神面貌也会受到负面影响。企业文化建设工作如果跟不上公司规模扩张，会导致公司经营效率低下，甚至出现财务造假现象。

2.缺乏企业文化监督

企业不仅要担负起文化建设的职责，还应该对文化建设的质量及效果进行监督。2012年，獐子岛扇贝苗收购受贿案中，经公安机关调查发现，公司收苗人员与播苗人员相互包庇，反映了员工缺乏诚信道德意识、公司监管不到位。此外，獐子岛公司内部控制评价报告和鉴证报告中，均未提及对企业文化的监督。没有必要的监管只会使企业文化沦为空谈，既无动力也无约束力的企业文化不利于公司长远发展。

3.缺乏有效的企业文化宣传活动

根据獐子岛内部控制评价报告，公司通过企业文化活动、培训平台和载体建设三大手段，向员工宣传企业文化，通过各种形式和途径使员工熟悉并理解企业文化的内涵。在这种文化宣传手段下，员工可能只是被动接受企业相关理念、精神、价值观，不能真正体会企业文化的内涵并当作自己的责任。

四、结论与建议

通过上文的分析，我们发现獐子岛集团的控制环境存在公司治理结构混乱、人力资源管理薄弱、内部审计失效、企业文化缺乏有效管控的问题。针对上述问题，本文提出以下几点改善建议：

（一）分权制衡，完善公司治理结构

首先，獐子岛股权高度集中，容易出现“内部人控制”现象，使内部控制失去效果。獐子岛应该积极吸引投资，提高各股东的持股比例，缩小与第一大股东的差距，通过个人投资者对第一大股东进行制衡与监督；同时，推动股权多元化，提高机构投资者持股比例，进一步优化股市投资。

其次，董事长与总经理两职合一，使得公司权力高度集中，权力制衡机制失效，董事会对管理层的监督职能无法正常行使。此外，董事长身兼多职，事务繁忙，不利于做出涉及长远发展问题的战略规划。因此，獐子岛应该完善权力制衡机

制，理清董事会与管理层各自的责任与义务，明确分工，健全完善独立董事的激励与约束机制，充分发挥其监督作用。

最后，监事会作为内部监督机构，对内部控制失效问题难辞其咎。因此，必须重视监事会的地位和作用，第一，加强监事会与内部审计部门的沟通协作，并及时向董事会及管理层反馈意见，提高监督的质量；第二，适当扩大监事会规模，引进多方面人才，提高监事会成员专业素养。

（二）提高员工素质，保持管理层稳定性

第一，员工整体学历水平会影响企业的创造力和发展力，影响企业内部控制环境。獐子岛可以提高招聘环节规范性，选拔高学历、高素质的员工；在培训环节不仅注重职业技能培训，还要与内部控制教育双管齐下，尤其应深化管理层对内部控制的认识，促使员工自觉遵守内部控制制度，做到充分注重内部控制中“人”的作用。

第二，管理层的频繁更换不利于公司持续稳定发展。为降低离职率，公司应当提供良好的工作环境和有序的管理机制，通过激励和约束机制缓解委托代理矛盾，提高管理层个人利益与公司整体利益的一致性；加强人力资源管理，避免任人唯亲、违规招聘，建立离职高管追责体系，提高管理层责任意识；避免经营决策受董事会过多干涉，提高管理层积极性。

（三）增强内部审计的独立性、专业性

獐子岛集团内部审计工作屡屡受阻，不能发挥应有的效力，究其原因，主要是公司管理层及员工对内部审计的理解不到位，对内部审计工作的配合度低。独立性是内部审计工作的基础，因此，公司应当改善内部审计部门的地位，赋予其足够的权限，防止内部审计流于形式。同时，内部审计人员也要善于协调，提高利益一致性。

此外，考虑到农业行业的高风险与复杂性，要想提高内部审计质量，公司对内部控制的认识不能仅仅局限于财务领域的“查错防弊”，而应该将工作范围拓展到公司经营管理的各个领域中去，即风险防范。公司应当加强对内部审计人员的专业技能培训和职业道德教育，使内部审计为整个公司服务。

（四）加强企业文化建设

企业的持续稳定发展离不开企业文化建设，獐子岛集团有必要从以下两个角度加强文化建设：一方面，成立专门部门对企业文化进行系统化的建设，通过该部门制定成文的企业文化规范让员工学习、熟知并体现于具体的工作中，定期考核企业文化建设成果；另一方面，加强企业文化宣传活动，对内采取更能引起共鸣的手段激发员工对企业文化的理解，对外树立良好的企业形象，提升品牌美誉度。

参考文献

[1] 金彧昉，李若山，徐明磊．COSO报告下的内部控制新发展——从中航油事件看企业风险管理［J］．会计研究，2005（2）：32-38，94.

[2] 张博亚．绿大地内部控制方面存在的问题及完善［J］．财务与会计，2011（9）：17-18.

[3] 杨汉明，梅路瑶．北大荒内部控制失效成因及影响［J］．财务与会计，2014（6）：17-19.

[4] 杨有红．论内部控制环境的主导与环境优化——基于内部控制系统构建与持续优化视角［J］．会计研究，2013（5）：67-72，96.

[5] 黄世忠．内部会计监督与控制制度［J］．会计之友，2001（5）：4-6，2.

[6] 党立军．建立和完善内部控制环境的思考［J］．经济研究参考，2012（11）：80-81，92.

[7] 隋敏，王竹泉．"以人为本"的内部控制模式：缘起、机理与应用［J］．理论学刊，2013（9）：59-62.

[8] 王永进，盛丹．政治关联与企业的契约实施环境［J］．经济学（季刊），2012（4）：1193-1218.

[9] 王娟，王毅．企业员工学历水平与企业创新绩效［J］．西安交通大学学报：社会科学版，2016（6）：40-46.

[10] 汤二子，孙振．员工学历、企业绩效与人均工资［J］．北京社会科学，2012（5）：39-47.

[11] STEVEN M GLOVER，DOUGLAS F PRAWITT，BRIAN C SPILKER．The Influence of Decision Aids on User Behavior: Implications for Knowledge Acquisition and Inappropriate Reliance［J］．Organizational Behavior and Human Decision Process，1997，72（2）：232-255.

[12] SUSAN S LIGHTLE，JOSEPH F CASTELLANO，BENJAMIN T CUTTING．Assessing the control environment: to determine whether management has created a culture in which ethical behavior is encouraged, internal auditors must survey the people who work in it［J］．Internal Auditor，2007，64（6）：51-56.

Study on the control environmental problem base on Zoneco Group Case

Abstract In the capital market, many enterprises, especially the agricultural enterprises, are trapped in the management difficulties due to the failure of internal control. The control environment is the basis of the internal control system, which directly affects the effect of the internal control. In order to improve the level of internal control, the study selected the Zoneco Group case to research its control environment problems, and found the following problems: chaotic governance structure, weak human resource management, invalid internal audit and inadequate corporate culture. Finally, some suggestions are put forward, such as separation of powers, maintaining the stability of management, strengthening the internal audit and cultural construction, to provide reference for other listed companies.

Key Words internal Control; control environment; Zoneco Group

第9辑，2019年
No.9，2019
会计与控制评论
Review of Accounting and Control

公司治理与内部控制相关性的实证分析

王 爽

（东北财经大学会计学院 大连 116025）

摘 要 随着所有权与经营权的分离，委托代理问题在公司治理中日益突出，为解决这一问题，公司治理与内部控制应运而生。本文以2016年2 964家沪深上市公司的截面数据为样本，运用实证分析方法，研究股权结构、董事会、监事会、高管层四个公司治理因素下的12个指标对内部控制有效性的影响。根据实证结果，提出完善公司治理与内部控制的建议。

关键词 公司治理 内部控制 有效性

一、引言

21世纪初，安然、世通、施乐等财务丑闻相继爆发，美国随之发布了《萨班斯法案》（简称SOX），规定之一是上市公司内部定期对内部控制有效性进行自我评价，同时要求上市公司接受外部审计机构的鉴证，从此进入了内部控制双重评价阶段。无独有偶，我国广为人知的“银广夏”“中航油”等事件也促使我国政府和企业开始重视内部控制。2008年，《企业内部控制基本规范》正式出台，2010年，财政部、证监会、审计署、银监会、保监会五部委又联合发布了《企业内部控制配套指引》，为我国企业内部控制建设及其效果评价提供了具体指导，从此我国有了适合我国国情并具有中国特色的内部控制规范体系。

近年来，我国内部控制制度日渐完善，专家和学者也将目光转向公司治理结构对内部控制的影响上。本文采用规范与实证相结合的方法，结合前辈学者提出的指标变量，从公司治理因素中的股权结构、董事会、监事会、高管层四个显著特征维度出发，进行公司治理与内部控制的相关性研究。据此，丰富公司治理与内部控制的理论研究，也对现实有一定的借鉴作用。

二、文献综述

长期以来，公司治理与内部控制一直是专家学者关注的热点，国内外的研究也取得了巨大进展，成果明显增多。

Santanu Mitra and Mahmud Hossain（2007）通过记录公司董事会与所有权特征之间的关联以及管理层立即采取行动纠正最终影响公司治理的内部控制问题，增加了关于公司治理和财务报告等会计信息的质量；Tatiana Dnescu等（2015）探讨了会计、公司治理、内部控制之间的关系，以确定决策过程中会计信息的价格；Ben Kwame Agyei-Mensah（2016）通过实证研究公司治理与内部控制信息披露的关系，表明公司治理要素中董事会的独立性会对内部控制信息披露产生重大影响。

牟巧和初梁式（2014）研究发现，内控有效性受股权制衡环境下的公司治理结构和内控制度体系建设实施两个方面的影响；纯骆珣和赵雪妍（2016）以我国深、沪两市A股制造业主板上市公司2012—2014年的数据作为研究样本进行实证研究，分析了公司治理主要要素对内控有效性的影响；周立佳（2016）通过深、沪上市公司的数据进行实证分析探讨股权结构、董事会规模、管理层薪酬制度3个公司治理因素对企业内控有效性的影响；程龙和宋心哲（2016）以股权分置改革作为研究背景，探索股权分置改革前后公司治理在股权结构、董事会特征、监事会特征和管理层特征方面的变化，以及其对提高内部控制有效性的影响；朱彩捷和刘长翠（2017）以我国对企业内控重大缺陷进行披露的国有上市公司2010—2014年面板数据为研究对象，对内控缺陷暴露后公司治理对内控缺陷修复的影响进行了检验；赵晶和冯婷（2017）研究创业板上市公司的治理结构各组成部分对内控有效性的影响，认为通过构建合理有效的董事会机制，完善管理层激励机制，优化股权结构才能使内部控制发挥应有的作用；刘凤娟（2017）提出公司治理与内部控制相互补充、相互契合，二者在目标上具有链接性及互动性；付莹（2017）根据我国上市公司现状，系统地阐述了公司治理对内部控制及会计控制的影响，并提出了改进措施；朱德胜和张菲菲（2016）研究发现，股权制衡度越高，内部控制越有效。

根据已有研究成果，公司治理因素中的股权结构、董事会、监事会、高管层四个显著特征维度对内部控制都有一定的影响，但各指标对内控所产生的影响程度结论不一。本文结合前辈学者提出的指标变量，根据股权结构、董事会、监事会、高管层四个显著特征维度下的12个指标探究公司治理对内部控制有效性的影响。

三、假设提出

股权结构是公司治理结构的重要组成部分，对内部控制起着关键性的作用。股权结构主要指标有：（1）第一大股东持股比例，决定大股东参与管理的程度；（2）股权制衡度，一种新的治理机制，股权制衡程度的提高有助于公司价值的提高；（3）公司股东大会的召开次数，反映对管理者的监督力度；（4）高管层持股比例，决定了经营者为公司目标实现的努力程度。林钟高（2012）提出股权制衡度越高，内部控制有效性越高。也有些学者认为，这种关系应该是非线性的。根据委托代理理论，高管层很可能发生道德风险和逆向选择，大股东持股比例较高能够更有效地分散管理层代理问题，但随之而来的是第二种代理问题的产生，即大股东与中小股东间的冲突。企业的股权集中很可能弱化内控的有效性，相应的股权制衡、内部监督可以对此有一定的缓解作用。根据以上分析，本文提出假设1：

H1a：股权集中度与内部控制有效性呈倒“U”形相关。

H1b：股权制衡度与内部控制正相关。

H1c：年度股东大会召开次数与内部控制正相关。

H1d：高管持股比例与内部控制正相关。

根据委托代理理论，由于信息不对称，管理者与股东之间往往存在着一定的利益冲突，也就是第一类代理问题，而如何确保管理决策与股东的利益一致，缓解二者之间的利益冲突正是董事会职责所在，同时，有效的内部控制能够缓解代理冲突和遏制机会主义倾向，是公司治理的核心。董事会层面主要指标有：（1）董事会规模，对公司的沟通效率具有重要作用；（2）独立董事，起监督作用，不可或缺；（3）召开董事会会议次数，反映了治理层参与管理的程度；（4）专门委员会，是董事会了解公司的重要职能机构；（5）两职兼任情况，极大可能导致越权现象。根据以上分析，本文提出假设2：

H2a：董事会规模与内部控制呈倒“U”形相关

H2b：独立董事比例与内部控制正相关。

H2c：董事会会议召开次数与内部控制正相关。

H2d：委员会设立总数与内部控制正相关。

H2e：两职兼任情况与内部控制负相关。

监事会与董事会并列设置，代表股东对公司的董事及总经理进行监督，行使监督职能。适当的扩大监事会规模，有助于增加公司监事会成员的经验，监事会每年召开会议的次数在一定程度上可以反映出监事对监督工作的态度。根据以上分析，本文提出假设3：

H3a：监事会规模与内部控制正相关。

H3b：董事会会议召开次数与内部控制正相关。

根据委托代理理论，委托人和代理人目标上的差异，决定了二者之间的信息是不对称的，公司高管层也极易发生逆向选择和道德风险。所以，从激励理论分析，激励在某种程度上可以解决股东与管理者之间的代理问题，适当的激励会留住企业管理者，也会吸引更多的人才，从而促进企业目标的实现，实现股东与高级管理人员的共赢。根据以上分析，本文提出假设4：

H4：高管前三名薪酬总额与内部控制正相关。

四、实证分析

（一）样本选取与数据来源

本文以我国2016年2 964家沪深上市公司作为研究样本，相关数据主要来源于国泰安公司治理数据库及中国内部控制研究中心的中国上市公司内部控制指数研究报告。

（二）变量设计

1.被解释变量

内部控制有效性综合得分是本文的被解释变量，对于这一指标的评价和衡量也是众说纷纭，并没有形成唯一的定论。当前学者关于内部控制有效性的研究主要分为定性分析和定量分析两种，这里借鉴东北财经大学中国内部控制研究中心的研究方法来评价内部控制的效率和效果，根据内部控制目标是否实现、在多大程度上实现来衡量内部控制的有效程度，并取其符号为Y。

2.解释变量

由于本文是研究公司治理对内部控制有效性的影响，故主要从股权结构、董事会、监事会、高管层四个特征维度出发，利用股权集中度、股权制衡度、股东大会会议、高管持股比例、董事会规模、独立董事比例、董事会会议、委员会设立总数、两职情况、监事会规模、监事会会议、高管薪酬12个指标变量来检验假设，具体解释变量见表1。

表1 **解释变量**

变量名称	符号	变量的定义
股权集中度	X_1	第一大股东持股比例
股权制衡度	X_2	第二至第五大股东持股比例之和/第一大股东持股比例
股东大会会议	X_3	年度内股东大会会议召开次数
高管持股比例	X_4	高级管理人员持股数量/总股数
董事会规模	X_5	董事会总人数
独立董事比例	X_6	独立董事人数/董事会总人数
董事会会议	X_7	年度内董事会会议召开次数
委员会设立总数	X_8	委员会设立总数
两职情况	X_9	董事长与总经理两职合一取1，否则为0
监事会规模	X_{10}	监事会总人数
监事会会议	X_{11}	年度内监事会会议召开次数
高管薪酬	X_{12}	高管前三名薪酬总额取对数

3.控制变量

本文选取资产负债率作为控制变量，并将其表示为FL。

（三）模型构建

本文主要是对公司治理要素与内部控制相关性的单向研究，基于此构建模型（1）。

$$Y=\alpha_0+\alpha_1X_1+\alpha_2X_2+\alpha_3X_3+\alpha_4X_4+\alpha_5X_5+\alpha_6X_6+\alpha_7X_7+\alpha_8X_8+\alpha_9X_9+\alpha_{10}X_{10}+\alpha_{11}X_{11}+\alpha_{12}X_{12}+\alpha_{13}FL+\varepsilon \quad \text{模型（1）}$$

式中：α_0——常量；$\alpha_1 \sim \alpha_{13}$——变量系数；$\varepsilon$——随机误差项。

（四）描述性统计

描述性统计包含研究中用到的所有数据，由SPSS 19.0软件处理后得到具体结果见表2。

表2　　全样本描述统计量

变　量	N	极小值	极大值	均值	标准差
Y	2 964	25.36	100.00	59.9201	7.48207
X_1	2 964	0.041500	0.874600	0.33502239	0.147770804
X_2	2 964	0.010544176	3.987564800	0.77369193168	0.638468591712
X_3	2 964	1	33	3.67	2.076
X_4	2 964	0.00000000000	0.82526580000	0.0742208926944	0.14306533225877
X_5	2 964	3	18	8.58	1.799
X_6	2 964	0.20000000	0.75000000	0.3748176958	0.05439385355
X_7	2 964	2	56	10.61	4.604
X_8	2 964	0	8	3.98	0.487
X_9	2 964	0	1	0.28	0.450
X_{10}	2 964	1	14	3.58	1.193
X_{11}	2 964	0	19	1.54	3.072
X_{12}	2 964	11.6952470	17.4064100	14.368273536	0.7146036891
FL	2 964	0.017395	1.281885	0.42215163	0.218124425
有效的N（列表状态）	2 964				

根据表2中变量的描述性统计结果，可以分析出：

（1）内部控制有效性综合得分最高为100.00分，最低为25.36分，平均值为59.9201分，标准差为7.48207，说明我国上市公司内部控制的整体水平不高，又由于样本范围全面涉及到各行各业，基本呈正态分布，差异较大。

（2）第一大股东持股比例最高为87.46%，最低为4.15%，平均值为33.50%，标准差为0.1478，第一大股东平均水平基本都超过30%，说明“一股独大”的现象在我国确实普遍存在，且主板、中小板、创业板的各个行业股权集中度变化并不大，水平相当。第二至第五大股东持股比例之和与第一大股东持股比例的比值最大值为3.9876，最小值为0.0105，均值为0.7737，标准差为0.6385，说明我国上市公司股权制衡结果并不是很好，不同行业股权制衡变化幅度也较大，我国上市公司股东间相互制衡有待提高。股东大会年度内召开会议次数最大值为33，最小值为1，均值为3.67，标准差为2.076，说明股东大会召开情况良好，但是波动较大。高管持股比例最大值为0.8253，最小值为0，均值为0.0742，标准差为0.1431，说明我国上市公司高管层持股比例整体上来说偏低，有可能促使逆向选择及道德风险发生，上市公司应该考虑合理运用股权激励政策，提高高管层的积极性。

（3）董事会规模最大值为18，最小值为3，均值为8.58，标准差为1.799，《公司法》规定股份有限公司的董事人数为5～19人，以统计结果来看，基本是符合规定的，且大多数企业董事会规模在7～9人。独立董事占比最大值为0.75，最小值为0.2，均值为0.3748，标准差为0.0544，《公司法》规定独立董事的比例不得低于1/3，从统计结果来看，基本上只达到《公司法》的最低要求，说明我国上市公司独立董事的设置流于形式，并未起到监督作用。年度内董事会会议召开次数最大值为56，最小值为2，均值为10.61，标准差为4.604，从统计结果来看，董事会会议召开次数在5～15次之间。委员会设置数量最大值为8，最小值为0，均值为3.98，标准差为0.487，统计结果表明只有1家上市公司未设置委员会。在该样本数据中，两职合一比例在28%左右。

（4）监事会规模最大值为14，最小值为1，均值为3.58，标准差为1.193，根据《公司法》规定上市公司监事会人数不得少于3人，从统计数据看，有2 182家公司监事会人数为3，占总体比例的73.62%，说明我国上市公司监事会规模也仅仅达到《公司法》最低要求。监事会会议最大值为19，最小值为0，均值为1.54，标准差为3.072，从统计结果看，有2 280家企业年度内召开监事会会议为0，违反了《公司法》的规定，而且不同行业召开监事会会议的频率相差较大。

（5）前三名高管薪酬总额取自然对数均值为14.3683万元，标准差为0.7146；前三名高管薪酬总额最大值为362.667万元，最小值为12万元，均值为232.5505万元，标准差为251.4716。统计结果表明，不同行业激励水平不一，相差很大。

（五）回归分析

在排除变量间的共线问题后，为研究公司治理与内部控制的相关关系，本文对变量进行多元回归分析，具体结果见表3。

表3 多元回归系数表

模型		非标准化系数		标准系数	t	Sig.	共线性统计量	
		B	标准误差	试用版			容差	VIF
1	（常量）	23.947	2.893		8.278	0.000		
	X_1	0.701	1.182	0.014***	0.593	0.553	0.509	1.964
	X_2	3.546	0.277	0.303***	12.792	0.000	0.496	2.018
	X_3	0.237	0.075	0.066***	3.146	0.002	0.633	1.580
	X_4	6.129	1.034	0.117***	5.927	0.000	0.709	1.410
	X_5	0.334	0.092	0.080***	3.644	0.000	0.572	1.749
	X_6	7.611	2.677	0.055***	2.843	0.005	0.732	1.366
	X_7	0.066	0.035	0.041***	1.916	0 055	0.610	1.639
	X_8	0.504	0.268	0.033***	1.884	0.060	0.914	1.094
	X_9	−1.764	0.316	−0.106***	−5.573	0.000	0.767	1.304
	X_{10}	−0.045	0.123	−0.007***	−0.368	0.713	0.722	1.385
	X_{11}	0.168	0.041	0.069***	4.048	0.000	0.959	1.043
	X_{12}	1.743	0.183	0.166***	9.511	0.000	0.905	1.105
	FL	−3.328	0.659	−0.097***	−5.054	0.000	0.752	1.329

注：***、**、*分别表示1%、5%、10%的显著水平。

从表3的结果可知：

（1）第一大股东持股比例与内部控制相关系数为0.014，显著性为0.553，大于0.1，结果并不显著，表明第一大股东持股比例对提高内部控制有效性效果并不明显。

（2）股权制衡度与内部控制的相关系数为0.303，显著性为0.000，小于0.01，通过显著性检验。结果表明股权制衡度与内部控制呈正相关。原因在于股东权力相互制衡，有利于提高我国上市公司治理效率及内控效率。

（3）年度内股东大会召开次数与内部控制相关系数为0.066，显著性为0.002，小于0.01，通过显著性检验。结果表明年度股东大会召开次数与内部控制呈正相关。在我国，大多数公司年度内股东大会召开次数不是很频繁，说明通过约束董事会或经理层效果还是很明显的，股东大会会议次数较少本身也说明其内控是有效的。

（4）高管持股比例与内部控制相关系数为0.117，显著性为0.000，小于0.01，通过显著性检验。结果表明高管持股比例与内部控制呈正相关。从激励理论的角度来说，高管持股可以对高管层产生一定的激励作用，达到提高内控有效性的目的。

（5）董事会规模与内部控制相关系数为0.08，显著性为0.000，小于0.01，通过显著性检验。结果表明董事会规模与内部控制呈正相关。此结果可能源于大多数上市公司人数在较低水平，未达到上限或下限，所以董事会规模与内部控制很可能呈倒“U”形相关。

（6）独立董事比例与内部控制相关系数为0.055，显著性为0.005，小于0.01，通过显著性检验。结果表明独立董事比例与内部控制正相关。原因在于独立董事在企业中肩负着重要的监督及平衡功能，一方面，独立董事在监督董事会及高管层方面发挥重要作用；另一方面，由于其在企业中的独立地位对各利益主体间起到平衡作用。

（7）董事会会议与内部控制相关系数为0.041，显著性为0.055，通过0.1水平的显著性检验。结果表明董事会会议对提高内部控制有效性效果并不明显。

（8）委员会设立总数与内部控制相关系数为0.033，显著性为0.060，通过0.1水平的显著性检验。结果表明委员会设立总数与内部控制正相关。委员会作为企业三大行使监督职能机构之一，对于提高企业公司治理与内控有效性举足轻重。

（9）两职情况与内部控制相关系数为-0.106，显著性为0.000，小于0.01，通过显著性检验。结果表明两职兼任情况与内部控制负相关。如果总经理既是经营者又是监督者，权力全部集中在同一个人的手上，很可能产生越权现象，导致内部控制失效。

（10）监事会规模与内部控制相关系数为-0.007，显著性为0.713，大于0.1，结果并不显著。结果表明监事会规模对提高内部控制有效性效果并不明显。

（11）监事会会议与内部控制相关系数为0.069，显著性为0.000，小于0.01，通过显著性检验。结果表明监事会会议召开次数与内部控制正相关。监事会具有监督功能，监事会会议的召开说明了监事会对企业的态度，有助于提高内控有效性。

（12）高管薪酬与内部控制相关系数为0.166，显著性为0.000，小于0.01，通过显著性检验。结果表明高管薪酬与内部控制正相关。原因在于高管层作为内控制度的制定者、受约束者，较高的薪酬更能激励高管层为实现企业利益最大化而努力。

五、建议

（一）深化股权分置改革

股权结构作为公司治理的核心，更是内部控制实施的根本保证，是内部控制的重要影响因素之一。统计学结果也表明在我国上市公司中"一股独大"的现象普遍存在，合理的股权制衡、高管持股有助于提高内控的有效性，因此，优化股权结构是提高内部控制有效性的方法之一。深化股权分置改革，降低第一大股东的持股比例，引入其他机构投资者调整股权结构，设置合理的股权激励政策，以加强股东间的相互制衡、相互监督，营造良好的内部控制环境。

（二）优化董事会结构

董事会作为公司的决策机构，决定着公司的发展轨迹。研究结果也表明，合理的董事会规模有助于提升企业的财务质量，完善的董事会结构有助于提高内部控制效率。在我国上市公司中，董事会人数还是相对偏低，但是也要注意控制董事会规模，以免因机构冗杂而影响企业经营效率和经营业绩，根据研究，13人的董事会规模，内部控制质量最好；我国上市公司独立董事人数普遍偏低，只是流于形式，应该增加独立董事人数并确保其独立性，在一定程度上保证其职能发挥的有效性；两职合一也是我国上市公司的一种普遍现象，应遵循职责分离、权责匹配的原则，维护公司长远利益。

（三）强化监事会监督职能

内部监督是提高内部控制质量的重要保证。目前，我国上市公司中行使监督职能的主要是独立董事、审计委员会以及监事会，所以监事会职能的发挥对于提高公司治理效率和内部控制质量都意义重大。在我国，监事会规模只达到《公司法》规定的最低界限，长期受限于股东大会及董事会，监事会成员也多数由与公司关系密切的人员担任，缺乏独立性，监事会也只是流于形式。因此，增强监事会的独立性，明确其职能权限，使其充分发挥监督职能保护公司所有者的权益是当务之急。

（四）健全高级管理人员激励机制

人才是公司的首要竞争力。目前，大部分企业人才严重流失，主要原因是激励机制的不合理。根据委托代理理论，高级管理人员作为受托者，若其与所有者目标存在不一致，容易发生逆向选择和道德风险。因此，将高级管理人员的薪酬与企业的发展联系起来，使高级管理人员与所有者的目标趋于一致，可以有效防范企业人才流失及风险的发生。

参考文献

[1] 牟巧初，梁式纯．创业团队股权制衡与内控有效性研究——以Y上市公司为例［J］．会计之友，2014（09）：72-77.

[2] 骆珣，赵雪妍．公司治理对内部控制有效性影响的实证研究［J］．中国市场，2016（16）：148-149.

[3] 周立佳．公司治理结构对内部控制有效性的影响——对深、沪上市公司数据的实证分析［J］．经营与管理，2016（05）：115-118.

[4] 程龙，宋心哲．上市公司治理结构对内部控制有效性的影响研究——基于股权改革的背景［J］．财政监督，2016（22）：98-106.

[5] 朱彩婕，刘长翠．公司治理与内部控制缺陷修复的相关性研究——来自于国有上市公司2010—2014年的经验数据［J］．审计研究，2017（04）：97-105.

[6] 赵晶，冯婷．创业板上市公司治理结构对内部控制有效性影响的实证研究［J］．对外经贸，2017（08）：115-117.

[7] 刘凤娟．浅议公司治理结构与内部控制的链接与互动［J］．现代商业，2017（07）：111-112.

[8] 付莹．公司治理与内部控制、会计控制的关系研究［J］．金融经济，2017（06）：199-200.

[9] 朱德胜，张菲菲．内部控制有效性、股权制衡与公司绩效［J］．会计之友，2016（02）：94-100.

[10] 林钟高，储姣娇．内部控制对股权结构与盈余质量的传导效应［J］．税务与经济，2012（06）：1-11.

[11] SANTANU MITRA, MAHMUD HOSSAIN. Corporate governance attributes and remediation of internal control material weaknesses reported under SOX Section 404［J］. Review of Accounting and Finance, 2011, 10（1）: 5-29.

[12] TATIANA DANESCU, MIHAELA PROZAN, ROXANA DIANA PROZAN. Perspectives Regarding Accounting-Corporate Governance-Internal Control［J］. Procedia Economics and Finance,

2015 (32): 588-594.

[13] BEN KWAME AGYEI-MENSAH. Internal control information disclosure and corporate governance: evidence from an emerging market [J]. Corporate Governance, 2016, 16 (1): 79-95.

Empirical Analysis of the Correlation between Corporate Governance and Internal Control

Abstract With the separation of ownership and management rights, the issue of the agent has become the main issue of corporate governance. To solve this problem, corporate governance and internal control have emerged. Based on the cross-sectional data of 2 964 listed companies in 2016, this paper uses empirical analysis methods to study the impact of 12 indicators under the four corporate governance factors of equity structure, board of directors, board of supervisors and senior management on the effectiveness of internal control. Based on the empirical results, the suggestions for improving corporate governance and internal control are proposed.

Key Words Corporate governance; Internal control; Effectiveness